博客天下
摇摆与狂奔系列丛书

玩到极致

一代娱乐族的青春与繁荣

《博客天下》杂志社 编著

SPM
南方出版传媒
广东人民出版社
·广州·

图书在版编目（CIP）数据

玩到极致：一代娱乐族的青春与繁荣 /《博客天下》杂志社编
著. —广州：广东人民出版社，2017.12
　　ISBN 978-7-218-11997-7

Ⅰ.①玩…　Ⅱ.①博…　Ⅲ.①生活方式　Ⅳ.①C913.3

中国版本图书馆CIP数据核字（2017）第213289号

WANDAO JIZHI: YIDAI YULEZU DE QINGCHUN YU FANRONG
玩到极致：一代娱乐族的青春与繁荣
《博客天下》杂志社　编著

出 版 人：肖风华

策　　划：肖风华
责任编辑：罗　丹
封面设计：童　杰
责任技编：周　杰　易志华

出版发行：广东人民出版社
地　　址：广州市大沙头四马路10号（邮政编码：510102）
电　　话：（020）83798714（总编室）
传　　真：（020）83780199
网　　址：http://www.gdpph.com
印　　刷：广州市浩诚印刷有限公司
开　　本：787mm×1092mm　1/16
印　　张：16　　字　　数：238千
版　　次：2017年12月第1版　2017年12月第1次印刷
定　　价：45.00元

如发现印装质量问题，影响阅读，请与出版社（020-83795749）联系调换。
售书热线：（020）83795240

总序

人类正处于一个前所未有的急剧变革时代中。

什么都很快，吃得很快，走得很快，活得很快，老得很快。在所有的一切都快步向前时，可能只是稍微打了个盹，你就被落在了后面。

比如说博客。

不过短短几年时间，自媒体的主流形态就完成了两次迭代，一次是从博客到微博，一次是从微博到微信。在一些人眼里，博客彻底成了一个旧物，听起来很久远的样子——这种感觉可能跟一个五岁的孩子称自己两三岁时为小时候一样，虽然时间没过去多久，内心却像隔着万水千山。

作为一本名字里被深深打下了"博客"烙印的杂志，《博客天下》难免会给某些不明真相的人过时之感，被认为还在做博客时代的事情。其实不然，它不过是名字被留在了原地而已，内容一点儿都没耽搁。

从"中国第一本博客新闻杂志"，到"十天新闻，一网打尽"，到"博闻雅识，非凡之客"，《博客天下》Slogan的每一次变迁，都伴随着一次全面的自我革新和蜕变。从最初的文摘，到全原创，到现在的主打深度报道，它从无到有，一步一个脚印，搭建了独属于自己的内容矩阵。

时至今日，《博客天下》里的"博客"早已不再是一种互联网产品（blog），而被我们赋予了新的含义，它致力于让自己"博雅"，同时也希望它的读者"博雅"。

而如何在这个粗鄙、吵闹、匆忙的时代做到"博雅"，《博客天下》在长期的新闻实践中，给出了这样几条抵达路径：见识、品味和判断力。

受移动和非移动互联网影响，我们的生活时刻被形形色色扑面而来的碎片信息所环绕，获得见闻不再是一件难事，但见闻并不意味着见识；

从商业角度讲，《博客天下》毋庸置疑是一种产品，是产品自然就得追求品质，一本杂志的品质主要取决于外在的视觉呈现和内在的文字写作，但品质并不等于品味；

投身媒体事业的人大都知道，新闻报道的基石是事实和真相，尽管有时候去找寻它们并不容易，甚至会冒着一定风险，但掌握事实并不代表就拥有了判断力。

在我们看来，见识是见闻的进阶，品味是品质的进阶，判断力是事实还原的进阶，这背后关联着一本杂志提倡的整体的审美、趣味、格局、智识和价值观。特别是信息泛滥、悬疑丛生、众说纷纭、泡沫疯长的当下，见识、品味和判断力显得尤为重要。

这三要素一定程度上渗透到了《博客天下》的新闻报道中。从前期的选题策划到后期的采访写作，我们视生产有格调的新闻、追求未污染的文字为己任，既注重事实报道本身，又注重其背后的时代风潮和运转逻辑。

对这样一本涵盖了时事、商业、文化、娱乐等领域的综合性新闻刊物来讲，从数百期杂志中精选一部分文章出来结集成书并非易事。

因此，我们决定打破传统的题材和类型划分，而以时下人们关心和关注的问题为切口，将话题相关者辑合在一起，编撰成《博客天下》杂志创刊九周年典藏书系：

《未来大猜想》

《玩到极致：一代娱乐族的青春与繁荣》

《与自己坦诚相见：通往精神世界的诗与思》

《商界之道：顶级企业家的平凡生活与非凡韧性》

《娱塘：最难得的是做自己》

是为总序。

《博客天下》杂志社

序

互联网的普及极大地拓展的"玩"的边界和方式甚至内涵。它是一种消遣，又不止于消遣；它是一种娱乐，也不止于娱乐。它是不同时代人们精神生活和精神气质的映照。

媒体文化研究者和批评家尼尔·波兹曼早在1980年代就对未来社会发出了"娱乐至死"的隐忧。那时，电视还是最主流的媒介。他以电视为例，认为不管政治、宗教、新闻、体育、教育还是商业，一切公众话语都将日渐以娱乐的方式出现，一切文化内容都心甘情愿地成为娱乐的附庸，"其结果是我们成了一个娱乐至死的物种"。

30年过后，他的观点得到了一定程度上的应验。不过，现实似乎并没有他想象得那么不可救药。娱乐除了是一种消费方式，还可以是一种生产方式。

每个时代的娱乐方式都有自己的特点，无论古今，更不分地域，它照应着那个时代人们精神生活的面貌及兴趣特点。在互联网盛行的今天，泛娱乐化兴起，精神世界更加丰富多元化，这也代表了一个新潮的开始：会玩儿，但也要不止会玩儿！

我们希望以一种平和而非娱乐、理性而非粗暴、技术而非戏谑的态度看待娱乐节目的变更与演变，抓住时下人们的兴趣点，最终引以思考的是以何种方式侵入到中国人的精神世界。

　　本书紧紧围绕一个主题，即"玩"。不同的年代有不同的玩法，不同的群体亦有不同的娱乐方式。

　　本书从上世纪八九十年代的精神文明讲到新生代的精神娱乐。如今，互联网时代为娱乐方式提供了新的技术支持，也开启了娱乐+商业+交流的新模式。

　　这本书不是单纯的讲述一个娱乐时代怎么玩的故事，而更着眼于如何"玩"得有体温、有社会价值以及有商业价值。在不同的人阅读后会有不同的体会，是有趣？有体温？还是有钱？

博雅天下传播机构董事长　荣　波

目 录

第一章

资本驾临，音乐重生

中国流行乐终于熬过盗版、网络下载导致的寒冬，迎来蓬勃的春天。是真的繁荣或是资本强力注入激发的短暂繁华？资本注入是否能填补内容创作的疲软甚至是虚空？本章通过讲述宋柯、老狼、小柯、高晓松等等唱片时代的"老人儿"的故事，观照中国流行乐的过去、现在和未来。

唱片时代过后，他们找到了新的玩法

他们是一群唱片时代的老音乐人，都曾在唱片产业遭遇重挫时受到连累，如今借助新的渠道，重新浮出水面

文/王海璐　图/尹夕远　编辑/卜昌炯

阿里音乐CEO宋柯。

阿里音乐CCO何炅。

阿里音乐董事长高晓松。

音乐人小柯。

在乐坛深耕近20年的宋柯，2012年时走了一会儿神。他辞掉太合麦田CEO的职位，转而开了家烤鸭店。后来，这成了他人生中非常著名的一段经历。很多人可能无法清楚地说出他待过哪些公司、出过哪些唱片、签过哪些歌手，却知道他曾经卖过烤鸭。

他的这段经历被搭档高晓松解读为以退为进。"那是我们做的一个局。我们要收购很多家唱片公司，但收购公司总得开价钱吧，我就说我们先给全行业泼泼冷水，宋柯就到处说去卖烤鸭了。结果舆论一下就炸开了，说音乐行业已死，然后价钱都下去了。"高晓松曾多次向媒体传达这样一个讯息。

对此，宋柯并不认可。但有一个不争的事实是，他很快就停止了卖烤鸭，和高晓松一起加盟恒大音乐，收购了多个估值一路下滑的唱片公司，3年后又与高晓松一起转会阿里音乐。

看起来，卖烤鸭就像是宋柯漫长而坚固的音乐生涯中一次短暂的"婚外情"，故事的重点不是他的烤鸭有什么与众不同，而是他最终还是回到了音乐。与老友高晓松一起。入职恒大音乐之前，高晓松忙着拍电影、执导广告、写书、担任电视节目评委，一度还因酒驾入狱。让他扬名立万的音乐，更像是副业，偶尔才与他发生一次关系。

促使宋柯、高晓松回归的内因，自然是他们对音乐的初心，外因则是资本的诱惑及国内音乐市场似乎有了转暖的迹象。

在宋柯高喊"唱片已死"后的4年里，音乐通过各种网络平台、电视真人秀、APP、音乐节、手机直播等方式，以及各路资本的包装下，找到了新的生存途径。而2015年7月"最严版权令"的出台，迫使曾经混乱的音乐市场朝更加健康、有序的方向运行。

如果说互联网对传统唱片产业的绞杀是一场革命的话，接下来，它正试图建立新的游戏规则，让音乐重焕生机。

"所有资金都知道这是探底行业，抄底来了。"高晓松说，他庆幸自己熬到了这个时候，"我们上一代比较倒霉，苦熬了那么多年，最后春天来了他们老了。我们虽然牺牲了十几年没发财的青春，但是我们等到了这时候。"

老男人，新征程

宋柯的办公室位于北京通惠河南岸，15平方米方方正正，里面摆着一套茶桌椅，是李连杰留下的。这里曾经是李连杰的工作室。

2015年7月，他和高晓松一起加盟阿里音乐，高任董事长，他任CEO。之后，他们又找来何炅担任CCO（首席内容官）。3人共用一间办公室，但高晓松和何炅并不常出现。

自不久前推出阿里音乐成立以来的第一件产品阿里星球后，宋柯一直没有闲下来。但只要聊到新产品，他就会兴奋地滔滔不绝。

"有时候我们想得过于理想化了，过于繁琐，或是呈现出来不好看，产品（部门）也会有一些要求。"宋柯告诉《博客天下》。采访之前，他刚刚和产品部门开过会。宋柯是学环境工程的，也懂一些基础编程，上学时曾给大四的女朋友用代码写出一只大熊猫。

"虽然纯技术开发，我是差不少，他们说的术语我都不懂，但产品方面，我还是懂的。"他说。

宋柯喜欢和工程师打交道。从音乐公司到互联网公司，他一个最明显的感受就是管理起来更有效率了。在音乐行业，"不光歌手，整个生产环节这一系列人，都是很艺术家的。跟艺术家聊天，有时候不是理性思维可以解决的"。

互联网公司虽然工作强度大了，内容、产品、市场、版权都要操心，但"人的因素少了"。这让更习惯理性思维的宋柯感到从未有过的轻松。

阿里音乐成立一年，在庞大的阿里体系中更像是一支独立的创业军团。受互联网公司氛围的感染，宋柯和高晓松把自己比作阿里音乐的"老小二"，带领以产品和技术为核心的400多个年轻"小二"，一半"997"，另一半"996"，即从早9点工作到晚9点，一周工作7天或6天。

奋斗的动力很难简单归结于改造行业的梦想、大企业的荣誉感或是股权激励。"大家像都疯了一样，感觉到有一种改天换地的新鲜感，所以就特别兴奋，狂干。"高晓松对《博客天下》说。

第一次担任董事长的他开始兴致勃勃地学习管理。"我们以前就是，哥几个跟我上，没事时不用上班，有事谁都不许走。（现在）从梁山变成官军了。"

他和马云是相识十多年的朋友。2014年，高晓松在杭州举办个人作品音乐会时，与宋柯一起在马云的太极禅院和马云有过一次畅谈。这最终促成了他们后来的合作。

当时阿里先后收购了虾米音乐和天天动听，正逐渐将版图拓展至音乐领域。播放器虽然是高频又受欢迎的产品，但结构单一，留给商业变现的想象力极为有限。高晓松看透了这一点，建议马云打造一款覆盖全产业的平台型产品。尽管产品逻辑和商业模式并不清晰，马云还是被说服了，遂邀二人加入。高晓松开了一个条件："我们来肯定是要独立出来。我们来不是来做员工的，而是来做股东的。"

加盟阿里音乐后，高晓松和宋柯想到了一个人——在娱乐圈人缘奇好的何炅，有意拉他入伙。时值2015年乌镇戏剧节，他们约在黄磊的"似水年华"红酒坊见面，宋柯和高晓松前后两天分别来。

宋柯点了一杯热水，跟何炅从中午一直聊到太阳下山，目的在于"攻心"。"老宋说，我想不出有另外一个人可以把整个圈子盘活，这个职位（首席内容官）你来就有，如果你来不了，我们就用其他的方式把它消化掉。"何炅向《博客天下》回忆。

高晓松点了一杯红酒，和何炅喝了一晚上，聊"诗和远方"，也关注现实。"他说我不知道为谁提供什么样的服务可以出现利益。我们现在很多音乐人特别辛苦，自己在那挣扎，我们要把更多的人聚在一起，用更小的力量做有更大power（力量）的事情。"何炅转述高晓松当时的话。

经过两轮游说，何炅答应了下来。身为主持人，他这些年和音乐圈一直保持频繁的联系。可能很少有人知道，他已经出了《可以爱》

《漫游》《自己》等多张专辑。

2014年那场高晓松作品音乐会上，歌手老狼跟着高晓松巡回了3个城市。后来被许巍重新编曲演唱的《生活不止眼前的苟且》，原唱就是老狼——在巡演期间，他和谭维维第一次对唱了这首歌。

那时的老狼尚处于沉寂期。直到一年多后参演第4季《我是歌手》，他才重归公众视野。在传统唱片产业陷入低谷时，一些新兴的音乐类真人秀节目，承担起了复活过气歌手或推出新人的任务。

"老狼就是一个不会被时代改变的人，你看见他，会觉得这个地方是我们出发的地方，是我们还要回去的地方。"高晓松说。

小柯错过了在高晓松音乐会上演唱《冬季校园》的机会。他当时已经在798开了小柯剧场，新戏《等你爱我》正在上演。小柯为了这部探讨都市爱情观的音乐剧创作了20多首歌曲，这也是他痴迷做音乐剧的重要原因。"音乐剧的信息负载量远远超于一首歌，你的表达会更充分。"他对《博客天下》说。

宋柯曾经在小柯剧场看过一场小柯的戏。后来两个人在一次会议上碰面时谈起，宋柯说戏很好，"看完我都谈恋爱了"。

这两年，小柯剧场知名度越来越高，剧场体量有限，演出的场次和观众人数都快达到饱和，但同时也开始出现瓶颈，若要寻求突破，就得开新剧场。成本上升了，风险就会随之增加。小柯不得不慎重考虑接下来的抉择。

1997年成立的独立音乐公司摩登天空堪称独门独派，近几年，在一轮又一轮风险资本的介入下，业务线不断延伸，旗下"草莓音乐节"的影响力也越来越大。眼下差不多是它最好的时光。

老板沈黎晖与主流音乐圈及圈中老炮们的交集也随之增多。不久前他被高晓松、宋柯请到了推广阿里音乐新产品的聚会上。沈黎晖坐在门口，后来"他们发现我了，我被拉过去走不了，里边全是刘欢啊，那一帮老同志"。

宋柯、高晓松、小柯、老狼和沈黎晖，都是唱片时代的老音乐人，他们之间最大的年龄差不过6岁。在音乐这条道路上，他们角色各异，或是创作者，或是歌手，或是商人，但大致有相同的曲线：都在唱片产业遭遇重挫时受到冲击，如今又借助新的渠道，走上个人音乐事业的高地。

▌ 同学少年都不贱

后来回忆起来，何炅和老狼、高晓松是在同一台晚会上出道的。

1994年，中央电视台举办大学生毕业晚会，何炅上台表演了小品《幸福鞋垫》。小品演完，下一个节目就是《同桌的你》。观众席中搭一个高台，老狼就坐在上面，穿着白衬衫、牛仔裤，抱一把吉他对口型唱"明天你是否会想起……"。

这一年何炅大二，校园广播站每天循环播放一张叫《校园民谣》的专辑，里面的每一首歌何炅都能唱出来。

在那个行业刚刚起步，商场的音像柜台上还只能找到几十张唱片的年代，《校园民谣》一问世就成了爆款。《同桌的你》《睡在我上铺的兄弟》更成了现象级的单品。

高晓松回忆，年少成名的他和老狼当时特膨胀，去参加颁奖典礼在台下议论："这要是得第二，咱可不上台啊。"

从某种程度上说，"校园民谣"其实是被中国音乐人包装出的概念。在其他国家的音乐谱系中，民谣作为独立的乐种，并不存在校园与非校园之分。

1992年，香港著名词人刘卓辉在内地创办第一家体制外的唱片公司——大地唱片，邀请内地制作人黄小茂加盟，推出的第一张专辑就是定位为"城市民谣"的艾敬的《我的1997》。在那个谈论"我们"的年代，这张以个体的"我"为叙述主体的专辑大获成功。黄小茂看到了民谣的可能性，趁热打铁推出《校园民谣》。

范围划定在校园，是因为当时校园文化正开始形成气候。流行歌曲传入内地，高校中开始有人弹吉他、写诗、搞行为艺术。学生们怀着浪漫主义情怀，对美好的事物充满向往。黄小茂从全国各大高校征集原创歌曲，最后在一大堆水准参差不齐的小样中挑选出十几首闪闪发光的作品。

这些歌大部分制作条件简陋。"可能就一把破箱琴，一个板砖录音机，质量很差，节奏也不对。虽然很糟糕，但是很多东西都能触动你的内心。"黄小茂告诉《博客天下》。

北京南礼士路原广电部的录音棚门口，中国最早的一批原创民谣音乐人第一次被黄小茂叫到一起试音。高晓松、老狼、郁冬、金立……大部分人第一次见黄小茂、第一次进录音棚。一大帮洋溢着荷尔蒙气息的年轻人站在门口的台阶上，嘻嘻哈哈，阳光灿烂，面对着车来车往的大马路。

黄小茂把他们叫过来，最初仅仅希望通过试音，把歌曲的DEMO（小样）重新进行整理。但试音的过程中，每个人的能力就展现出来了。他最终决定让他们自己演唱，"歌是他们自己写的，如果他们有能力表达，那个表达是最准确了"。

表达不好的，比如高晓松节奏感、表现力很难达到专业歌手的水准，他的歌就都由老狼代替了。

老狼曾经被黄小茂安排去接来录音的乐手，帮忙拿琴。导致很多人第一次见老狼，都把他当成了录音助理。

当时音乐人还不被看做能提供稳定收入的职业，老狼曾问黄小茂，能不能来大地"当个企划什么的"。黄小茂反问：你想不想当歌手？老狼这才成了大地唱片的签约歌手。

在黄小茂心中，老狼是非常特别的歌者，虽然不自己创作，但他的歌仿佛就是他的表达。这些年音乐行业早已面目全非，老狼则似乎静止在那个时代。

《我是歌手》邀请老狼上节目时，黄小茂明确表示不支持。"我跟他开玩笑，说你能够做到从逆光中走出来，停顿多少秒，右手扶胸……这一切你能做到吗？"每一个节目都有它的形式感，而老狼学不会矫饰、造作，他很难配合。

《青春无悔》正式进录音棚前，小样是在小柯家里完成的。当时的小柯迷恋爵士乐，刚刚开始用电脑编曲。高晓松欣赏小柯的音乐，便请他为《青春无悔》编曲。

白塔寺附近一个胡同里，小柯的家是个独门独院。有一段时间，高晓松几乎每天都过来。写完歌拿过来，弹着吉他哼唱，小柯就给整理谱子，编成和声。

老狼、叶蓓都曾去小柯家录歌。一间小屋，堆一堆设备，电脑、音源、音序器、键盘和钢琴。小柯置一个话筒在老狼面前，按一下键盘开始放音乐，老狼就开始唱。

有一天，高晓松领来一个歌手，说特牛，让小柯听他唱歌。小柯听了说挺好，这个歌手就是朴树。当时朴树背着一把吉他，四处找唱片公司希望签约。

"他唱歌声音小，也不太说话。别人听了两三首就给他打发走了。高晓松听他的歌说好。"老狼回忆。

在麦田音乐成立之前，高晓松曾经把朴树和小柯都推荐给当时最有影响力的唱片公司红星生产社。红星签了小柯，拒绝了朴树。后来朴树和麦田合作了十几年。

最后的红利期

宋柯做音乐公司的梦想最早可以追溯到大四毕业前的一次酒后狂言。几个朋友聚在一起聊理想，有人说要开律师事务所，有人要开建筑师事务所，宋柯说要开一家唱片公司，"所有人都问我唱片公司是什么"。

但作为清华环境工程系的才子，宋柯还是一毕业就去了化工厂做助理工程师，随后出国深造，做过一段时间珠宝生意。1996年，宋柯回国，出于对音乐的初心未泯加上清华校友高晓松的撺掇，成立了麦田音乐。

宋柯比高晓松早几届，大学期间组乐队，还拿过首都高校音乐比赛的亚军。1988年高晓松入学时，宋柯已经是学校的风云人物。他大三时创作的歌曲《一走了之》几乎被学弟学妹们当做校歌传唱。"我们都以跟宋柯喝酒吃涮羊肉为荣。"高晓松说。

创立麦田音乐，宋柯最初并没有太大的雄心壮志。"我们那个时候对公司怎么发展没有太明确的预期，只希望能够做一家中国的唱片公司，能做出十张唱片、影响一两代人就足够了。"宋柯回忆。

麦田当时确实做了一些影响很大的专辑，比如高晓松的《青春无悔》和朴树的《我去2000年》。

上世纪90年代，主流音乐媒体兴起做音乐排行榜的风潮，高晓松记得，当时麦田的企宣每周都会买一份《音乐生活报》，这份报纸专门有一版总结各大排行榜的榜单，凡是公司艺人的歌曲上榜了，就用红笔标示出来。《青春无悔》一张专辑10首歌，最后发现每首歌都在不同的排行榜上打榜。

虽然音乐品质不差，但麦田的经营算不上成功。正版大卖，盗版卖得更多。麦田是小公司，无法形成规模效应，连年亏损。最困难的时候，麦田曾经有3个月发不出工资，全靠宋柯打麻将赢的钱维持。

和麦田同期，大量的音乐公司开始如雨后春笋般涌现，而行业的洗牌也无时无刻不在进行。曾经发行《校园民谣》专辑的大地唱片在1994年转卖，大地当时的音乐制作部主任黄小茂独立出来做了风行唱片。老狼后来也追随黄小茂去了风行，推出第一张专辑《恋恋风尘》。

摩登天空也是同一批起步的唱片公司之一。创始人沈黎晖兼任摇滚乐队"清醒"的主唱，创立摩登天空的目的就是为了给乐队出一张专辑。但商业是大家不得不面对的共同问题，和麦田相似，摩登天空曾负债300多万元，公司只剩下两三个人。

黄小茂告诉《博客天下》，最早做唱片公司的商人大多都凭着一腔热血，至于赚钱，行业才刚刚起步，"就算做得再成功，回报都是非常糟糕的，没有人对那个市场有概念"。

2000年，华纳唱片宣布在中国成立分公司，做了10年华纳版权代理的许晓峰被任命为总负责人。宋柯和许晓峰在酒吧喝酒时认识，当时麦田的资金链断裂，为了缓解账上的燃眉之急，他找到许晓峰

"求购"。

"说投了些钱，可能也亏了些钱，能不能运作一下，把这点钱找补回来。我一看反正也不多嘛，就买了。"许晓峰向《博客天下》回忆。

北大毕业的许晓峰和宋柯同一届，也组过乐队。宋柯获得首都高校音乐比赛亚军那一次，许晓峰曾入围，他们的乐队是当时北大的冠军，但到了全市比赛没进前十。"清华的同学很会唱歌，北大的同学唱歌基本上都是愤世嫉俗，表达不满。到了评比的时候，歌词都有问题。"

许晓峰当时代表华纳中国收购了两个音乐厂牌，宋柯的麦田音乐，还有汪峰、崔健的经纪公司"普涞文化"。

宋柯加入华纳不久后，小柯也和经纪人一起短暂开过唱片公司"钛友文化"。他在这家公司签下歌手王筝、曹芳，制作了两人的首张专辑《春风》和《黑色香水》。两张专辑的口碑都不错，《春分》还曾一度蝉联全国各大排行榜冠军。

虽然表面上光辉无限，但公司经营举步维艰。"当初不会管的时候太乱了，烂摊子收拾不了，乱到没账，税交多少都不知道，其实一分钱都不用交，因为都是在赔钱，但是你没法告诉别人你在赔钱。财务报表什么都没有。"小柯说。

后来朋友看不下去了，给他报名了MBA课程，学费好几万，说你不能这么干了，去上课吧。小柯上了课，回来第一件事就是关了公司。"不明白时候还跃跃欲试，真正明白时候，发现都不行。"

"不行"的一部原因是销售分配无法回馈创作者。"创作者是行业的源头，而源头变成雨的时候浇不到这些人身上。"

还有一部分原因在个人。"你对价格没有概念。因为音乐写得好赚钱也很容易，来了咱就花，没了咱就借。我可能具备经商的思路，但我不具备经商的能力和耐性。"

公司关了，但开唱片公司的经验后来被小柯运用在小柯剧场的经营上。2007年，小柯写了第一部戏，演了4年才收回成本。他后来做财务分析，发现不停转场消耗了大量成本，于是在2012年成立小柯剧场。

小柯剧场第一年，为了寻找内容和商业上的平衡做过各种尝试。话剧、演唱会，甚至京剧都做过。最后终于找准了方向——音乐剧：主题不能离普通人太远，可以是爱情，或是2015年的股市；以耳熟能详的歌曲作为每部戏的名字；故事主要描述当下，偶尔加一些搞笑的段子，但不能媚俗。

小柯正在学习正面应对商业。他发现，"实际上到最后商业特别有用，它可以数据分析，精算找出问题，让你的前途比较有目的，而不是怨天尤人。其实好多搞艺术的人都喜欢怨天尤人，这是个很懦弱的做法"。

老狼曾经在小柯出国期间代替他演过10场戏。腼腆的老狼演起戏来却觉得挺过瘾，"我坐底下看觉得特别做作，但自己演还挺high的"。在老狼看来，小柯不算是成功的音乐商人，但他的音乐和戏剧一样接地气，这样就容易有市场、受欢迎。

▓ 麦田样本

在小柯看来，宋柯是音乐行业公认的理智而精明的老板，"一直在融资，很会经营"。

在华纳时期，宋柯有个理论："艺人是产品，通过努力造出来的。"因此，保持曝光率、维护粉丝是艺人工作内容的一部分，要接受采访，参加电视节目，每天有新话题给媒体。

老狼曾多次以"怕寒碜"为理由拒绝上媒体，还曾多次和宋柯发生争执。

2005年，老狼为拍摄专辑《晴朗》的封面去西藏，途中和朋友一道爬了一趟珠穆朗玛峰。珠峰6000米以上信号不通，老狼在山上一周，下山时，联络人让他赶紧给内地报平安，因为媒体已经传说他失踪很多天了。

"后来我跟宋柯吵架，我说你明明知道别人在以讹传讹，为什么不出来辟谣？"老狼说。

宋柯的回答透露着商人的冷静和机智："你先想想你多少年没有在公众面前出现了，现在说你重新要出唱片，可能公众都把你给忘了。但是有这么一件事，别人一下子能把你想起。"

后来老狼才知道，事情的起因是公司在他上山期间接了一场商演，因为联系不到他而错过了演出时间。为了给演出商一个交代，就说西藏大雪封山，交通阻断，老狼回不来了。媒体看热闹不嫌事大，传成了老狼失联。

尽管事出有因，老狼仍对宋柯"睁一只眼闭一只眼"、将错就错的态度耿耿于怀。"借机炒作一下，我觉得特别傻。"

在华纳时期，老狼还不是最"麻烦"的艺人，宋柯还有另外一位合作多年的艺人朴树。

演出前和乐队一起排练，朴树要求一个和声都不能改，每个音都必须像他想象的那样出现。发现不对，朴树会停下来要求重来一次。

如果排练不愉快影响到情绪，宋柯就得在中间做"心理疏导"。

有时公司为了平衡合作方的需求也会干预创作。"如果按小朴性格就算了不干了，宋柯就能让他把事做完。"老狼回忆。

某种程度上，老狼也能够理解老板宋柯的难处："有时候你是需要为资本服务的，因为别人花费金钱做的专辑，有时候你需要妥协。我们都不是特别职业的艺人，香港和台湾的艺人就很配合。"

2004年，彩铃横空出世。中国音乐行业经历第一轮资本盛宴。许多音乐公司转行做彩铃，推出市场化订制音乐。许晓峰记得，那时候一家彩铃公司，最多一晚上编出了10首彩铃歌曲。

民谣独立厂牌十三月的前身就是彩铃公司。创始人卢中强曾在华纳参与老狼《晴朗》和戴军《阿莲2004》专辑的制作，在这一轮资本中，他拿到了IDG（International Data Group，美国国际数据集团）的投资，离开华纳成立了一家彩铃公司。他至今仍然记得当时卖得最火的两首歌，《我要五百万》和《干了就分手》。

"那个时候最屌丝的一面产生了，音乐变成一个审丑的时代。不叫写歌，大家都在研发歌曲。那一轮资本之前音乐还是有一些想象力、创新空间和精英意识的。"卢中强回忆。

这一轮资本盛宴中，宋柯拿到了太合地产的投资，离开华纳创立太合麦田。在太合麦田的8年，宋柯最有成就感的两件事是签下了超女李宇春，以及刀郎《2002年的第一场雪》3年的数字版权。

《2002年的第一场雪》就是彩铃风口爆发的产品。2004年，这首歌在中国街头巷尾的流行程度不亚于当年《同桌的你》。这张专辑的数字版权为太合麦田带来了2000万元的收入。宋柯一直认为，如果不是服务提供商通过隐瞒下载数字赚走了唱片公司的利润分成，他的获利应该有一个亿。

内容方无法从销售收入中获得应有的分成比例，导致上游难以形成可持续的良性循环，在面对渠道谈判时陷入被动。看到这个似乎无解的死循环后，宋柯对行业表现出明确的失望。

2012年，宋柯宣称"唱片已死"，离开太合麦田，在CBD开了一家烤鸭店。

小柯曾经和流行音乐协会的朋友约在宋柯的烤鸭店见面。宋柯在场作陪，一帮音乐圈的人喝酒说笑，天南海北地聊，就是绝口不提音乐。

小柯问宋柯烤鸭店的顾客构成，得知写字楼里的白领是主流人群，放了心：大楼不倒，烤鸭店应该也不会倒吧。

烤鸭店后来还是关门了，但还没等到关门，宋柯就宣布回归了。2012年底，他和高晓松宣布加入恒大音乐，宋柯任董事长，高晓松做音乐总监。

沈黎晖也曾多次光顾宋柯的烤鸭店。每次过去吃饭，都是宋柯买单。他调侃这位相识多年的老友，唱片已死与烤鸭已死其实是一个道理："那是他自己不干了，说唱片已死。他不干烤鸭店，怎么不说烤鸭已死啊？"

▦ 盗版和正版一起死了

麦田成立之初，高晓松和宋柯曾经做过统计，当时中国的地面盗版占大概90%的市场，音乐公司靠卖版权只能分得10%的利润。《校园民谣》《青春无悔》都没怎么赚到钱，因为大家都在卖盗版。麦田发行朴树的专辑《我去2000年》，收集到的盗版卡带有50多种。

"整个外部市场卖的都不是你的东西，你的东西直接被零售商经销商打包退回来。"黄小茂说。

许晓峰曾经组织过一个唱片公司联盟，带领警方去音像大厦查盗版。但最后没有任何效果，他还接到了盗版商的恐吓电话。

刘欢发行专辑《好风长吟》后不久发现被盗版了，怒气冲冲地找高晓松一同去找有关部门"申诉"。两个人从广电部门找到文化部门，又从文化部门找到新闻出版部门。"我跟刘欢，俩大脸，从看门的开始问，问来问去，都说没人管，流行音乐不知道。"高晓松回忆。

最后，新闻出版部门愿意留下盗版专辑酌情处理，但话说得很明白："我们没有执法队，也没有罚款权，能怎么处理？"

高晓松回忆，虽然当时唱片公司只有10%的利润空间，但仍能勉强生存。更大的麻烦在后面。

2000年后，互联网开始普及。"就在几年前，人民大众还在攒早餐钱去买一张卡带、买一张唱片，觉得自己很快乐，突然间就说你们音乐为什么要钱，音乐就应该免费。"

正版和盗版一起死了。因为盗版也有两块钱的印刷成本，而正版唱片还要摊上五六块钱的制作费用。

"大家都死了，死在沙滩上，旁边躺着盗版，互相看看大家都死了，死在沙滩上，旁边躺着盗版说，你也死了，我也死了，大家全死了。"高晓松调侃。

唱片公司开始面临大量的人才流失，坚持做音乐的人基本上全凭热爱。"大家在录音棚里高呼，为盗版商努力工作啊。那已经不是个行业，互联网盗版简直就是涸泽而渔。"

高晓松和宋柯在华纳的时期，唱片公司和互联网公司的矛盾逐渐从地下转移到地上。他俩去找互联网公司谈判。"你们花几千万公关费打压我们，我们要的版权费其实比你们给的公关费要低，你们为什么一分钱版权费都不给我们呢？"对方的回答很干脆："你懂什么互联网经济。"

高晓松至今为此感到不平。"互联网公司，他们的原罪不比房地产公司差。"

2015年7月，"最严版权法"颁布后，包括阿里音乐旗下虾米音乐和天天动听在内的多家在线音乐平台都宣布下架了没有版权的歌曲。如今在虾米音乐上，已经搜索不到高晓松的《青春无悔》，因为这张专辑授权给了另一家服务商。

"说明我们正版化的决心啊。连董事长的歌都没有，这态表的。"高晓松说，"忍了十几年我是内容提供方，收不到钱。突然内容能收到钱的时候，我变成给钱的了。"

⫶ 再出发

2015年乌镇戏剧节，宋柯见完何炅，当晚就赶飞机回杭州开会。高晓松留了下来，一连看了好几天戏。

史航是同高晓松一起看戏的朋友之一。他与高晓松认识十余年，评价如今的高晓松是"特别身段灵活的商人"，谈钱不失风度，有幽默感。

一个佐证就是，在《奇葩说》中，蔡康永从来不打广告，而高晓松从不放弃任何机会打广告。

"阿里音乐、阿里星球，我们未来做各种事情，你现在困难我们就能解决。"史航随口就能复述几句高晓松在节目中常念叨的广告"台词"。

高晓松在节目中常摇着一把标志性的扇子，扇面上写着4个大字——晓松奇谈。他跟助理说，要再做一把写有"阿里星球"的扇子，在《晓松奇谈》里面举着。

史航曾邀请高晓松为他的一档直播节目拍宣传片，被高晓松当场拒绝。"他说哥你得明白我是什么意思，你这个平台正是我们的竞争对手，我绝对没有办法帮你站台。

但我特别欢迎你做完这事之后，来我们这里。"理由充分，言辞合理。史航欣然接受。"他在这方面就是'立场坚定斗志强'。"

史航与高晓松第一次见面是在10年前两人共同录制的一档谈话节目中。五六个嘉宾坐在化妆间寒暄，跟谁都不熟的高晓松突然语出惊人："哎，哥几个，咱们多少钱？"

一群知识分子，当着节目组工作人员的面，大眼瞪小眼，"我们觉得特别尴尬。"史航告诉《博客天下》。

"这多少钱得说清楚，"高晓松还在继续，"钱少了咱不能干，钱少了咱得闹杆。"闹杆是北京话，意思是要钱，讨劳务费。

高晓松后来真去和节目组"闹杆"了。回来跟大家开玩笑："看你们这帮知识分子，我闹杆的时候没有人跟着，真等着我闹来杆了，你们肯定也都拿着。"

这一闹，史航对高晓松印象特别好。"你明明也是个读书人，可你又是个江湖人的样子，好像我们跟你在一起，我们很伪君子。"

史航回忆，那个时候的高晓松是"沸沸扬扬的"，难得的率真、放松。"晓松好玩就好玩在，他不要绷着面子，别来这套假正经的东西。而且他觉得我跟你不熟，但这个事我觉得应该这么弄也得这么弄。不是说咱们哥几个特别熟，所以我炸着胆子。任性，但不搞阴谋。"

上任阿里音乐董事长以来，高晓松一直积极地探索商业。在老狼看来，高晓松和宋柯呈现出截然不同的风格。"宋柯比较理性地面对社会的规则，遵循这个规则。高晓松很多主意，有些靠谱有些不靠谱。"

何炅曾目睹过一次高晓松和宋柯的争吵。一天晚上，何炅和高晓松去一家餐厅找宋柯，谈论一款产品的方向。在"自己干"还是"和别人一起干"的问题上，宋柯和高晓松各执一词。宋柯主张直奔目的，对于渠道不要做任何妥协。高晓松却坚持"做事情就是要借力，一定要拉着伙伴们一起"。

争吵前，宋柯刚刚结束同一个合作方的饭局。面对着一桌别人吃剩下的残羹冷炙，高晓松和宋柯拍桌子大吵了一个小时。回过神来的时候，宋柯赶紧安慰何炅："老何你别害怕，如果每个人想的都一样，那就没必要做团队了。"

2016年5月，阿里音乐召开新产品发布会，高晓松、宋柯、何炅穿着白色的宇航服，在舞台上表演了一场太空舞。时值夏至前夕，脱下宇航服的头盔时，3个人已经大汗淋漓。

观众中坐着两人二十多年来的好友，包括BMG（贝塔斯曼唱片）、环球等唱片公司的老总，以及黄渤、蔡康永、郭德纲、林允儿等众多娱乐圈明星。发布会结束后，媒体几乎一致用"星光璀璨"形容那场发布会阵容。同样一致的，还有对这场发布会的主角"阿里星球"的吐槽。

一部分指责围绕着产品包罗万象的属性，"入口复杂、操作不便，逻辑不清"。另一部分，出于对天天动听用户的声援。"阿里星球"并非独立开发的产品，而是在拥有亿级用户的"天天动听"APP基础上升级完成。这一做法被很多人视作没有充分尊重用户的选择权，使天天动听成为了商业力量博弈下的牺牲品。

"反正总得改一个。"采访中，宋柯这样向《博客天下》解释，"阿里做两个性能相同的播放器没有太大必要。虾米未来承载播放器领域比较好，满足大家对于听歌的需求。天天，从用户的转化讲，比较合适（改）。"

高晓松曾有一个"门客"理论。"做门客有个好处，献言不献身，尽力不尽义。就是随便说，公子听完，出去跟皇上说，说错了皇上把他斩了，我再去别人家当门客。公子说对了，皇上高兴了，公子升官了，回来赏我，美酒美姬。我就说话就完了，但是我不尽义，就是我不殉葬，不陪你一起。"

当上阿里音乐的掌门之后，高晓松发现，应尽的责任显然已经超乎了自己的本意。"本来是说给老马当门客，也挺好。结果现在也不是这么简单，还是得自己挑起这担子。"

无论如何，马云对于新人的试错成本是慷慨的。"老马不是那种急功近利的人，对我们宽容度是很大的。先做起来，把数据跑起来，把整个环节跑通，然后看怎么做。"高晓松说。

⫴ 苟且与远方

在阿里星球发布会上，过来捧场的小柯和黄渤一起被宋柯叫上了舞台，宋柯代替刚刚签约索尼唱片的黄渤，向小柯约了一首歌，这首歌的制作和推广将和阿里音乐深度合作。

小柯很欣慰，音乐行业经历了这些年的风雨，他的创作还能符合时代的审美。实际上，从上世纪90年代开始，几乎每隔一段时间，小柯就有一首作品能广为流传。1996年的《归去来》，1999年的《将爱情进行到底》，2004年的《想把我唱给你听》，2008年的《北京欢迎你》，2011年的《因为爱情》……这些歌大部分是和电影有关，有的却比电影传播得好。

对小柯而言，能与各个时期的观众共鸣是幸运的。"我要是不会写歌，我就不得不干那个（经商），但没我现在好。"

小柯将他的作品能持续与观众共鸣的原因解释为他像普通人一样生活，他创作音乐的初衷首先是感动自己，然后感动更多像自己一样的普通人。"你自己感动是第一位的，这里面包含艺术性和商业性。"小柯说。

2008年奥运会，奥组委征歌4年基本上只得到了一个版本——中国版的*Hand in hand*。最后奥组委找到小柯，他写了更加贴近中国人生活的《北京欢迎你》，口碑、传播都不差。

电子音乐刚开始在中国流行时，小柯曾经做过一段时间电子音乐，但商业回馈非常有限。"你光顾着艺术性，大家不接受，没有市场。其实到最后你问我喜欢吗，我也说不好，当时就觉得挺时髦就做了，这就是问题。"

和小柯不同，高晓松没能一直待在音乐创作的上游，音乐只是人生的起点。

"我年轻时创作兴奋，荷尔蒙是喷溅出来的，一张专辑每首歌都是心爱的。但创作慢慢就不是最重要的了。因为你喷溅不出那么多火花，你也不能天天喷溅。"

他去了美国，回来拍电影，40岁后出书，做脱口秀，上节目。

商业是新的挑战，也是40岁后最让他兴奋的事。从行业的从业者变为规则的制定者，"到现在这么短时间我觉得还不错"。

沈黎晖评价高晓松"有才华，人精，会说会做，能量很大，但做经营就算了"。他肯定高晓松的初衷："他愿意帮到这些人，不管去到哪儿，他愿意为这个行业做他的贡献，用他的影响力，去把这个事情往好的方向（推动）。"

高晓松并没把成功想象得轻而易举。"虽然理想远大，但是一步一步做起来的时候是很苟且的。""苟且"指的是生意场中的管理、市场、产品、成本等琐碎事，当然也包括充满热情地打磨一款产品，但最后用户的口碑仍然不如预期。

和"苟且"相对应的是"远方"。1988年暑假，19岁的高晓松和老狼去厦门流浪，那是他抵达的第一个远方。"一个北方长大的孩子没有闻过那个气息，南方的大梧桐树叶，海浪声。"在那里，他写出了《同桌的你》。

"生活不止眼前的苟且，还有诗和远方"是高晓松读初中时，妈妈告诫他的一句话。他后来把这句话写成了歌曲《生活不止眼前的苟且》，用作脱口秀《晓松奇谈》片头曲。

MV在以色列拍的。《晓松奇谈》讲到以色列历史，高晓松带着拍摄团队去了以色列，顺便更新了片头。许巍的歌声响起时，高晓松走在港口向大海延伸的钢铁栈桥上。暮色中，一艘轮船正驶离海港。

"我赶紧喊那个摄影船，我说跟着我，我跑——其实是在指挥他们怎么拍，一边跑一边当导演。"

MV的最后一个镜头，高晓松站在栈桥尽头，船已经离港，他张开双臂拥抱这个世界。

（2016.7.1）

沈黎晖：不混圈子，
也熬到了最好的时光

曾在唱片时代遭遇重挫的摩登天空，最终通过音乐节收复了失地。但真正让它起飞的，是风险资本的介入。

文/王海璐　图/尹夕远　编辑/卜昌炯

1997 年，为了给自己发起并担任主唱的清醒乐队出专辑，沈黎晖创建了摩登天空。

在2016年5月的北京草莓音乐节上，摩登天空创始人沈黎晖终于实现了自己的一个愿望——邀请到了被称作电音摇滚传奇的神童乐队（the Prodigy）。

这是一支被《Q》杂志评价为"死前必看五十团"之一的英国乐队，已连续6年夺得英国专辑榜冠军，每年在各大洲顶级的音乐节上压轴演出。早在两年前，沈黎晖就在不断游说这支乐队。

"所有人都说Prodigy是最麻烦的乐队，超级贵，你肯定卖不出来这个票。但是他自己得先过瘾了。"影响城市之声创始人张然对《博客天下》说。去年底，摩登天空收购了他的公司。

过瘾，仅仅是沈黎晖邀请这支乐队的其中一个原因。草莓音乐节如今已举办7年，从体量上来说越来越庞大。现在，沈黎晖需要向行业内的人证明音乐节的规模和高度。

"你要成为一个国际的音乐节，就要去把级别拉起来。花多少钱值不值？我觉得值。"沈黎晖告诉《博客天下》。

张然负责与Prodigy对接。对方提出的演出要求有200多页，具体到超低音箱的数目、舞台灯光的品牌以及音乐节现场的工人数量和工种。沈黎晖从头至尾没有细看："我只是说，全满足。"

从2013年开始，中国大大小小的音乐节数量已经破百，除了迷笛、草莓、恒大星光、长江、张北草原等知名品牌，还有理想之旅、MOMA魔马、顽石等后来者，它们在不断向二三线城市下沉的同时，也越来越细分——摇滚、爵士、电子、朋克、金属，各种类型不一而足。而在资本引进及商业化运作上，草莓显然非常有效地利用了资本对他的注意。

最后，草莓音乐节为Prodigy搭建了一套单独的声音系统，就放在舞台上，任何来演出的乐队都不能使用，硬件的规模加起来相当于从前草莓主舞台的3倍。即便这样，这支乐队仍然带了50多个航空箱和近20名工作人员一同来到中国。

拿下Prodigy之后，张然发现摩登天空预订海外乐队要比从前容易多了。从没听说过摩登天空的海外公司，现在都因为草莓满足了最难满足的乐队的要求而放松审核。张然现在已经开始预订明年的乐队。

"我和他都特别想让中国发生那种从来没有发生过的事，这样你就觉得中国在这件事上推进了一步。"张然说，"我觉得摩登是唯一有机会的公司。"

⫼ 扩张

赫尔辛基的天阴沉沉的，空气冰冷，街上行人稀少。沈黎晖决定从酒店步行到一公里外海港边上的一个古老船厂——作为首个打入欧洲的中国本土音乐节品牌，摩登天空音乐节正在那里登陆。

这是2015年8月份的一天。出发之前，沈黎晖同被评选为"全英最佳城市音乐节奖"的英国公司Liverpool Sound City创始人Dave Pichilingi开了个简短的见面会。不久前，这家公司的一位股东决定套现退出，正在物色合适的买家。

从酒店去往音乐节的路上，沈黎晖决定投资这家公司。

"摩登从英国开始，迈出了特别重要的一步。影响我们音乐最多的是英国，所以我们从英国开始还挺有意思的。"沈黎晖说。他希望这家公司成为他在英国的"自己人"，为摩登天空的扩张对接更多当地资源，并站在他的角度做出专业判断。

赫尔辛基夜色阑珊，主舞台的灯光在几十米高的钢结构下面闪耀，摩登天空的灰色海报和色彩浓烈的布幔贴满红砖墙和铁丝围栏。一艘百年原木古帆船被改造成酒吧停在海港，观众退场后，沈黎晖把Dave和音乐节的工作团队都叫到船舱里，十几个人喝酒庆祝。

4个月后，摩登天空把Dave请到中国开了一个发布会，公布了双方的合作。发布会的另一项内容是披露了郭广昌旗下的复娱文化以1.3亿元现金购买摩登天空10%的股权，此外，双方共同成立30亿元的基金，开拓海外音乐市场。Liverpool Sound City正是这笔基金投资的第一个项目。

发布会的举办地是摩登天空的新家——位于北京百子湾一个荒僻仓储园区的一座1958年苏联援建的军需库，靠着生锈的高架和一段废弃的铁轨。最迟今年秋天，摩登天空的300名员工就会陆续坐满3000平方米的两层。剩下的一层将打造为全北京顶级的录音棚。即便接下来几年持续扩张，也足够宽敞。

摩登天空正在构建一个全产业的生态系统，从版权和音乐制作、艺人经纪、演出，到产品、互联网应用、媒体运营，全部包含在内，而且在以一种音乐行业极其罕见的、互联网公司的速度扩张。

2016年，草莓音乐节先后登陆全国20个城市，但音乐节在摩登天空的业务占比却从去年前的60%缩减到40%。这就意味着，音乐节的场次、体量虽然在放大，音乐节以外的业务一样也在以迅猛的势头上升。

"在别人面前，摩登有点急功近利。在中国，有时候快也是为了防身。你稍微慢点，这行业格局一变，可能你就没了。"张然说。

此时距离沈黎晖成立摩登天空已近20年。1997年，为了给自己发起并担任主唱的清醒乐队出专辑，沈黎晖创建了摩登天空。"我做的所有事就是为了出一张唱片，我的人生目标就是把这一张唱片录完。"他回忆。

但在制作了清醒乐队的第一张专辑《好极了！？》后，沈黎晖并没有停下来。当时正值中国唱片业最后的辉煌时期，《好极了！？》一下子卖出了20万张，尝到甜头的摩登天空开始向唱片业进军，除了为其他音乐人制作专辑，还陆续打造了《摩登天空1》到《摩登天空5》5张音乐合辑。

2000年后，随着互联网的兴起，传统唱片市场进入寒冬。沈黎晖把目光投向了现场音乐，分别于2007年和2009年推出了摩登天空音乐节和草莓音乐节。他的眼光不错，这两个音乐节在举办的第二年都开始盈利。

之后，摩登天空成功地站上风口，陆续获得硅谷天堂近1000万元的天使轮投资和中国文化产业基金1亿元的A轮投资，并于2014、2015年先后并购了国际交流平台"影响城市之声"和在线票务APP"POGO看演出"，随后又推出现场音乐视频直播平台"正在现场"。

在外界资本的介入下，沈黎晖的事业版图越推越大，近两年更是把音乐节办到了欧洲和北美。

"我觉得，内地音乐市场建立在一片废墟之上，受到各种各样的冲击，大家没头苍蝇似的这儿捞一笔，那儿捞一笔。与其这样，不如踏踏实实打地基，不要急于盖房子。这个产业没有那么糟糕，未来一定会在各个板块产生巨头。"这是几年前沈黎晖接受国内媒体采访时表达的一个观点，他正力图证明自己是对的。

▥ 经验

做音乐节之前，沈黎晖仅有过一次做演唱会的经验，而且并不成功。

那是2004年，沈黎晖用一笔借来的钱邀请到了山羊皮乐队（Suede）首次来华演出。做这场演唱会，沈黎晖的目标是持平，结果还是赔了20万。

"这就是花钱买梦，我管他挣多少钱呢。"沈黎晖说。自从两年前他和电台DJ张有待在瑞典胡尔茨弗雷德音乐节上观看了山羊皮乐队的演出，便一直想着要把他们请到中国来。

当时摩登天空还没有举办音乐节的能力，沈黎晖和张有待只能借着山羊皮乐队来亚洲巡演时，让对方在中国加演一场。其间还发生了一段插曲，由于安保缺乏管控经验，观众都被安置在远处的阶梯看台，看到前排空置的座椅，山羊皮乐队罢演，张有待赶忙偷偷把观众放下场，此举的代价是演出结束后他被公安扣留。

这支世界顶级乐队在北京演出后不久即宣告解散，也为此次演唱会增添了不少传奇色彩。

沈黎晖把摩登天空的进程归结为一个"作死"的历史，因为"作"，他才坚持到了现在。最惨淡的时候，摩登天空负债300多万。"那是一个大数，没法还了。那时候我们公司营业额才几十万一年。"沈黎晖说。

沈黎晖曾经在北京郊区购置过4套房产，计划用于公司的日后发展。摩登天空最困难的时候，他把房子全卖了。当时房价不高，4套房子的价值对于偿还公司债务而言仍是杯水车薪。2011年，摩登天空拿下硅谷天堂1000万融资，沈黎晖开玩笑说，如果当时这些房子没有卖，也值这个价钱了。

和摩登天空同一批的唱片公司，在行业低迷的时候光景也不乐观。大批唱片公司关门，有人转行做彩铃，推出市场化订制的音乐。

"那些年音乐行业很不开心。大家虽然挣了那些钱，但是生产的歌全是订制的，跟艺术没什么关系了。"张然回忆。

独立音乐厂牌十三月的前身就是一家彩铃公司。创始人卢中强在在那一轮资本中拿到IDG的投资。他后来总结说："那一轮资本对音乐应该叫戕害，大家只基于sp彩铃，千军万马抢一个端口。根本不想着踏踏实实做首歌。现在的广场舞就是SP彩铃的后时代，是底层的恶性泛滥。"

沈黎晖没有随大流，他找到了另一种方式，为摩托罗拉在内的几个品牌商提供互联网社区、数字音乐杂志和手机内置音乐制作等方面的衍生服务，这让摩登天空的财务状况有了一些起色。

沈黎晖对钱并不是一个有急切需求的人。即便摩登天空开始有盈利的时候，他的个人财务状况依旧窘迫。"我从来不认为那个钱是自己的，我穷惯了，我觉得我不应该享受，这些钱都是过路的钱，不是我的。但我还是可以用这些钱录唱片，这是我的终极理想。"

实际上，直到现在，沈黎晖仍然一个人在北京租房子住，没有车，也没多少存款。张然曾经劝沈黎晖卖掉一些股份，按照摩登天空目前的估值，只需转让1%，就能保他下半生衣食无忧，但沈黎晖并不认为这是明智之举。

在成立摩登天空之前，沈黎晖曾经开过5年印刷公司。目的只有一个，为乐队出唱片积蓄资金。所以诉求很简单，就是利益最大化，一旦出现问题，首先要做的是推卸责任。

"印错了，那不是我的事，这是你的问题或是他的问题。"沈黎晖说。

即便如此，印刷公司在一段时间内仍然没有让沈黎晖获得预期的回报，他开始陷入迷茫。一天晚上，他在Disco玩了一整夜，喝了很多酒，然后坐火车到一个不知名的小站，在荒山上坐了一晚上，感觉"这世界太糟糕了"。

一次他坐公共汽车，车门打开时正对着一棵树。他对着那棵树说了一句"你好"。车门关闭前，他仿佛突然感觉到一种能量，好像那棵树在回应他。"我突然觉得，如果你对这个世界不好，可能是个恶性循环，这个世界也会这么对你。"

后来沈黎晖开始改变做事的方式，变得守信、敢于承担责任。就在那一年，他从一个客户手中拿到200多万的订单，这是他开印刷厂以来最大的一笔收入。

沈黎晖把在印刷公司的训练视作人生中非常宝贵的一段经历，在这个过程中他培养了自己的商业思维，并学会了如何与客户相处。后来开创摩登天空，很多艺人都愿意与他长期合作。

摩登天空和艺人的合约一般两三年签一次，新裤子乐队与摩登续约了将近20年。2010年合约又一次到期后，新裤子曾考虑独立发展，但一年后又回到了摩登天空，他们告诉沈黎晖，"别人听不懂他们要什么"。

谢天笑也曾在和摩登天空合约到期后短暂签约树音乐，一年之后又回到摩登天空。清醒乐队鼓手一环（现在也是草莓音乐节的总导演）曾跟谢天笑聊起这件事，"转了一圈，说实话，起码（沈黎晖）能说到做到，不把艺人当做挣钱的工具。可能钱给的不是最多，但这一点他确实做得好"。

▎ 商人

在周围人的评价里，沈黎晖是音乐人中少有的具备敏锐商业判断的人，但他也以"抠门"著称。

树音乐创始人姜树在2009年和沈黎晖大吵过一次。摩登天空租用树音乐的录音棚，沈黎晖谈定一个整年合作的打包价，大概是市场价格的五分之一。

"他太抠了。抠到令人发指的地步。那我就急了，急了就不合作，我俩就谈崩了。"姜树回忆。后来，沈黎晖还和他深入地谈过几次并购，但在树音乐的估值问题上，双方存在巨大分歧。"我的价值他一直给我打折扣。我创业宁愿失败也不甘心轻易收购。除非他给我更多认可，包括对公司价值的认可。"

对于自己的抠门，沈黎晖坦然承认，他认为这代表着精打细算的企业家精神，因为控制好成本才能令商业可持续。在摩登天空早期，抠门曾是他们的一大生存法则。

2002年，沈黎晖在酒吧看了小河、万晓利的一场演出，随后提出为他们出一张唱片。当时两个人一晚上的演出费是100块钱，沈黎晖开出的条件是，录制演出的现场版，一次性付给他们5000块，摩登天空拥有这一版录音的版权，此后无论唱片销量多少，不与两人分成。

在沈黎晖看来，这笔交易在当时对于双方是公平的，但后来有人认为这是摩登天空对艺人的剥削。

"他不知道当时环境是什么样。只是在市场非常低迷的时候，我们还在工作，只能付很少的钱。大部分公司不工作了，他们也没有机会。"沈黎晖说。

在沈黎晖眼里，所有的"抠门"都是市场行为，有点像风险投资，当事物的价值没有充分被市场认定的情况下，最先出价的人可能面临损失，但也可能换来丰厚的回报。

其实，沈黎晖也有挥金如土的时候。2015年，摩登天空以千万级资金签下了痛仰乐队3年的合同。"没人敢付这个钱，也没人付得起这个钱。"沈黎晖说。

回顾摩登天空多年的经营，沈黎晖颇为自豪的一件事，就是公司在账面上终于开始有了一些收入时，他把钱都用在了购置新的录音设备上。一环记得，有一段时间录音设备更新换代特别频繁，往往买了不久，就被更好的给替换掉了。

沈黎晖是一个中度狂热的科技爱好者。在一些公司刚刚开始配备台式机586时，他就在摩登天空安装了3台苹果电脑；目前大部分做演出直播的公司用的设备是Gopro（知名运动相机品牌），而"正在现场"用的是价值200多万的16K清晰VR摄像机。

沈黎晖从不吝啬在设备上的投资。"没事，该买买。"他嘱咐项目负责人张栋梁。

多年来挣扎于生存边缘的经历让沈黎晖培养了两个习惯，首先是对于赔钱的耐心，另外就是，摆脱财务困境之后仍然保持危机意识，精细控制着每一项支出。

他不避讳自己性格中有"赌"的一面。摩登天空的两轮融资，沈黎晖都和投资人签订过对赌协议。中国文化产业基金投资1亿元，本来控股15%，沈黎晖对赌赢回了5%。沈黎晖和复娱文化也对赌了1%的股份，只不过这一次更多是象征性的。

1997年清醒乐队发行第一张专辑，当时的行业规则是制作方和发行方1：6分成，一张卡带10块钱，制作公司拿1块5，剩下的都归发行公司。

沈黎晖算了一笔账，清醒第一张专辑的制作费用是70多万，如果交给发行公司的话，要卖50万张才能回本，这在当时几乎是不可能完成的任务。他决定赌一把，采用不同于以往的代理发行模式，提高自己的分成，加工后拿给发行公司，卖不掉可以全部退货，结果卖到20万张，就收回成本了。

"这是一种特别极端的方式。"沈黎晖说，"我们拿得多，但是风险也更大。"

沈黎晖对于自己的商业能力很自信，但他拒绝被定义为"头脑灵活的商人"或是"误入商业丛林的摇滚小青年"。他甚至不愿意被称作"好人"，因为"干坏事也特别不自在"。

"我是一个挺善良、挺单纯，但是也挺坏的人。"他说。

⦀ 怪胎

在摩登天空现场音乐运营副总张翀硕眼里，沈黎晖和同时代起步的音乐公司老板都不太一样，"他是他们那一拨里头的怪胎"，又酷又浑。

张翀硕形容沈黎晖的招数像是太极拳，打一个盘脚出来，动作很慢，没办法清楚地描述，而多数人是跆拳道，有清晰的目标、固定的招式。

张翀硕2010年在云南创办500里城市音乐节，在西南地区做得有声有色。2013年，嘉士伯找到摩登天空，希望能在云南做乐堡啤酒绿放音乐节。为避免竞争，沈黎晖打电话给张翀硕，提议两家成立合资公司，共同做这个音乐节。随后摩登天空又分批收购了这家合资公司，张翀硕加入摩登天空。

张翀硕曾为沈黎晖张罗过一个饭局。摩登天空发展衍生业务，需要有关部门的支持。张翀硕此前已经和对方对接了多次，双方达成一致后，才请沈黎晖露面，表示对合作的重视。

双方坐到一起之后。看到沈黎晖搭在椅背上的Burberry（巴宝莉）风衣，官员以为自己终于可以开启一个话题。"沈总，你这件风衣是Burberry纪念款的。"

"对，我是在英国买的。"沈黎晖似乎有兴趣。

官员以为可以进入奢侈品的话题了，从Bubbery聊到设计，又聊到了雪茄、红酒。沈黎晖却还停留在独立设计。

"其实人家特别热忱，也特别尊重他。但是大多数话题他不感兴趣。大家没法特别尽兴、融洽地吃一个饭。"张翀硕说。

每逢这个时候，张翀硕和公司其他同事都要做好为沈黎晖圆场的准备，以免尴尬。

2010年，摩登天空天使投资人安然和几个投资机构的负责人一起和沈黎晖面谈，考虑联合投资。安然记得，当天摩登天空的底层乱得像仓库，客厅里放一张长桌，投资人坐一排，沈黎晖和当时的合伙人坐在对面。他记不得当时都聊了什么，但有一点忘不了，沈黎晖当天穿了一条特别短的短裤，"当时我就觉得，跟其他公司老板聊天没有这样的"。

后来安然还和沈黎晖一起去中国大饭店见一个市长谈音乐节方面的合作。沈黎晖背着一个绿色的包，"翠绿翠绿的，还斜挎，吓人家市长一跳。老沈有时候挺不合时宜的"。

在审美上，沈黎晖有多年如一日的坚持和别具一格。学生时代，他和乐队在教室演出，同学们把教室围得水泄不通。"我说我得换条破的牛仔裤"，沈黎晖说，然后真的去厕所换了一条破的牛仔裤。平时他喜欢收集眼镜，独处、与人谈话和拍照都要换不同的眼镜。

1990年代中国的摇滚音乐人多是受重金属音乐影响，流行留披肩发、穿皮夹克。清醒乐队一亮相就是短发、西服的英式摇滚范儿，令人耳目一新。鼓手一环说，沈黎晖当初组建乐队，长相是排在第一位的，技术都是其次，"前卫嘛，我那会差点儿没进来"。

从乐队主唱到公司老板，对沈黎晖而言是一个放弃自我的过程。摩登天空自成立以来，和清醒乐队就不是契约的关系。公司人多了之后，曾有人提议清醒签约摩登天空，沈黎晖的态度十分坚决："谁也别管清醒。这是签约以外的乐队，独立的个案，谁也不要参与，不挣钱我乐意。"不签合约意味着尽管已经投入了成本，但摩登天空并没把清醒当做签约乐队运营。

算起来，清醒自从2007年出版第二张专辑《明日的荣耀》后，就再也没有演出了。"他能接受大家都不愿意演出，搁我早急了。"一环说，"花那么多钱，煽乎成这样了，咱们得演啊哥几个。"

▎ 游戏

沈黎晖有一个理论：世界是一场大游戏，每个人都是"游戏公司"事先设定好的角色，DNA相当于人的程序。音乐也是有波谱的，像数学，也可以看做程序的一部分。而梦是游戏中的Bug（漏洞），就像是电脑中清不掉的内存。

沈黎晖喜欢和别人分享他的梦。这些梦通常关于宗教、科幻和世界末日。

有一次，沈黎晖听CRI（中国国际广播电台）的节目《飞鱼秀》，主播小飞在节目中说他头一天晚上梦见月亮爆炸了。沈黎晖不认识小飞，但他差点给小飞发短信，告诉对方自己也梦到过月亮爆炸，远远地向着地球飞过来。

沈黎晖梦到过世界毁灭的各种方式。大部分是核战争，蘑菇云腾空而起，地平线上"唰"地亮起一道白光，结束了。

他也曾梦到过摩登天空和现实世界。2015年上海草莓音乐节前夕，沈黎晖梦到自己一直疯狂地吃东西，惊醒后有特别不好的预感。上海踩踏事件之后，草莓音乐节是政府审批通过的第一个大型项目，沈黎晖对这次音乐节的唯一期待就是平安结束。

演出当天，沈黎晖精神紧张地盯着各个舞台，英国乐队Tricky原本准备在演出结束后返场，沈黎晖直接打电话给工作人员，播放退场广播。虽然最后什么事也没有发生，但沈黎晖相信他从梦中得到的启示。

在"游戏理论"的基础上，现实世界中的存在其实没有太大意义。"你觉得这是你自己的选择，但你做任何选择都是游戏规则的一部分，产生的任何结果都是游戏的结果之一，商业其实也是游戏规则的一部分。"

沈黎晖曾经和张然分享过这个理论。曾经有音乐公司利用摩登天空炒作，张然气急败坏地去找沈黎晖，他却不以为意，"还觉得挺好玩的，这不就是一个游戏吗，他在意的是游戏的玩法"。

游戏的玩法，指的是尊重游戏规则，并承受游戏中的结果。

影响城市之声并入摩登天空，张然和沈黎晖曾经谈过3次。第一次是2013年初，张然被沈黎晖约到摩登天空的办公室，"想没有代价把我并了"。未遂后，沈黎晖就给出了另一个方案，"我们做一个，灭不了你，起码也能跟你抗衡一下吧"。

"要是别人我估计得急了，他谈事方式就是这种。"张然说。

2014年4月，摩登天空控股影响城市之声并和张然对赌了股份。去年年底，张然发现自己输了，想软磨硬泡和沈黎晖取消对赌。"我说我太亏了，以后得发展，要不就算了，也不容易。他说你以后发展跟我有什么关系，就是那种。游戏不就（这么）玩的。"

张然又提出加入摩登，和沈黎晖"置换一些东西"。"他说我可以聘你来，你也可以不来，当然你来更好。但是我对你无欲则刚。"

张然后来终于想通了摩登天空为什么需要他。在张然加入之前，摩登天空预订海外大牌乐队都需要一个中间商，付6%-10%的服务费。张然和海外的音乐公司混得很熟，可以充当这个中间人的角色，几百万很容易就能省出来。

张然一方面认为沈黎晖在谈判时有些不近人情，另一方面，他也欣赏沈黎晖的这种直接。他让这个处处讲究江湖规矩的行业变得不那么复杂了。加入摩登天空之前，张然和沈黎晖曾经是10年的竞争对手，其间的一些交手都是"明着的"。他反感行业中有一些"暗中"操作，"比如你该拿哪个证（没拿到），举报你一下，或者在哪卡你一下。"

2013年，树音乐成立后山艺术空间，沈黎晖过来参观，随后两个人坐在公司附近的库布里克咖啡厅闲聊。沈黎晖对姜树说，希望摩登和树音乐一起做后山艺术空间，摩登控股。

"我就问他，你凭什么这样。他说，我就是现在做得比你好，你要跟我合作，不让我占你便宜怎么行。"姜树回忆。

听沈黎晖这么讲，姜树反而不生气了，两个人都开诚布公，基本上不用任何谈判技巧，"他要欺负我也跟我说明白了"。

▎江湖

2011年，镇江文广集团的负责人找到沈黎晖，希望和摩登天空合作，在镇江举办一次草莓长江音乐节。

此前，镇江连续两年和迷笛合作，举办迷笛长江音乐节。沈黎晖隐隐地感觉到双方的合作出现了问题。但在商言商，他没有多管闲事，只开出一个条件："我不能比迷笛拿得低。"

随后，沈黎晖就接到了迷笛音乐节创始人张帆的电话。电话中，张帆告诉沈黎晖不能接这个音乐节，否则就是低价竞争。

沈黎晖和张帆是很熟的朋友，第一届摩登天空音乐节他就向迷笛取经。张帆也曾向沈黎晖透露，迷笛长江音乐节的投资是500万。因此沈黎晖向文广的报价也是500万。"我说我怎么低价竞争了？"

后来，沈黎晖向文广了解到，张帆和镇江文广集团签订过为期10年的意向合约，但规定每年重新确定一下价格。今年，迷笛的报价提高了，文广因此拒绝合作。

沈黎晖最后还是接了这届音乐节。但他告诉《博客天下》，签约前，他曾和张帆叫上各自公司的人坐在一起开过会，沈黎晖答应张帆，向文广争取50万赔偿金，双方最后表示理解，也握了手。

不久后，迷笛召开媒体见面会，指责文广违约。迷笛的粉丝把怒火引向草莓，在微博上大骂"草莓不要脸，低价竞争"。

沈黎晖认为自己"背了黑锅"。让他百思不得其解的是，因为这件事，行业内很多人指责他不懂江湖规矩，但他和张帆确实见面了，也握手了。商业世界中，握手代表双方达成理解。但在江湖中，握手代表什么呢？

张帆曾经阐述过他在类似场合的立场，他曾拒绝接受朋友李宏杰做的张北音乐节项目。"我有我的底线，我绝对不去碰别人的东西。哥们儿媳妇我不能碰，对吧。"虽然李宏杰最终也没能得到这个项目。

2010年，沈黎晖和姜树曾计划合资成立一家艺人经纪的公司，沈黎晖任董事长，姜树任董事总经理，股份六四开。公司还没注册，姜树拉来了谢天笑，以摩登天空的名义先签下了他。

签约当天，沈黎晖、姜树一起到谢天笑家喝红酒，和谢天笑的太太一起庆祝。外面下着雨，电闪雷鸣。谢天笑突然找沈黎晖，说签约摩登天空可以，但不愿意姜树做自己的经纪人。

姜树后来反思，可能他在谈判时显得过于强势，给了谢天笑压力。但让他无法接受的是，沈黎晖一口就答应了。"这种事情跟我说一声，我也不是不能接受，而不是你答应谢天笑，然后通知我。"

音乐圈讲究与人喝酒、混圈子、守江湖规矩。"摩登天空从来不在这个圈里头。我们从来不跟任何人交往。"沈黎晖说这是摩登天空成功的原因之一，"你天天跟他们混，沾染他们的习气，要考虑他们的感受。我完全不考虑他们的感受。"

某种程度上，沈黎晖的独善其身造就了摩登天空如今的生态格局。一方面，沈黎晖对于独立音乐之外的商业机会表现出极强的钝感，"我活在自己的世界里，能看到的就这么大，我有特别强的愿望把这件事做好"。

另一方面，按照音乐公司的架构，摩登天空像一艘航母，从版权、艺人经纪、音乐制作，到演唱会、音乐节全部囊括在内，如今还发展互联网和新媒体业务。打造业务全线的起因在于与合作方的沟通障碍，"他们有时候不太理解我们要什么，说半天他也说不明白。用别人有太多可能性了"。

如今，这个生态体系让摩登天空在与海外公司谈判时显示出极大的优势。张然告诉《博客天下》，摩登天空注资Sound City的利好之一，就是可以享有这家音乐公司一定期限内的视频直播版权，和正在现场的业务相融合。而这些版权费很可能已经和投资相抵，"他现在摊子大，总会有一个地方把这钱折出来。"张然说。

沈黎晖曾经非常欣赏英国独立音乐公司Creation，他们在唱片时代签下Oasis（绿洲）等一流乐队。如今沈黎晖觉得他们不够酷了。因为当唱片不再卖钱的时候，他们和中国的音乐公司一样，不知道用什么样的模式去面对。

"我觉得摩登天空比他们任何一家公司都酷。我们适应了这个转变，糟糕也变成了我们的机会，我们也创造了新的历史。当然我们很艰难，但我们也不是一个独立音乐公司的故事。"沈黎晖说。

（2016.7.1）

狼心依旧

　　被一档真人秀节目复活的老狼，某种程度上仍生活在过去的格式里。

　　　　　　　　　　文/杜祎洁　图/尹夕远　编辑/卜昌炯

歌手老狼。

老狼应该还记得那个日子，1994年6月24日。那天，国家教育委员会和央视联合举办了有史以来第一次也是唯一一次大学生毕业晚会，面向全社会直播。主持人是杨澜和程前，代表北外登台的何炅表演完他的小品后，留着中分长发、身着白衬衫的老狼登场了，他安静地坐在台上，轻拢慢捻地抱着吉他唱起：那时候天总是很蓝，日子总过得太慢……

这是老狼第一次在电视节目中亮相，节目信息一栏里尚写着他的本名——王阳。当年他26岁，一首《同桌的你》之后，他迅速从一个小圈子里的校园歌手变为大众偶像。

灯光暗下去又亮起，再度出现在公众视线的老狼已然48岁，成了半个"白发的先生"，舞台也由青涩的大学生晚会转移到一档真人秀音乐节目。在小鲜肉、黑丝袜、超短裙、劲歌热舞和失恋情歌中间，他依然不温不火地唱着安静的民谣。

他没有改变太多，头发依旧中分，眼神温暖澄澈，只是声线里多了一份沧桑。

作为旧唱片时代的红人，老狼在唱片产业陷入低迷的这些年跟着一起沉寂了很久。他坦承自己"有一点过气"。除了每年的音乐节、专场演出甚至房地产秀，他几乎淡出了公众视线，平素走在大街上或者带儿子去儿童乐园俨然一个路人甲。

《我是歌手》重新把他从人群中打捞了出来。他又开始回到从前一出门就被人指指点点的生活，也不敢再带儿子去一些公众场合，有时候被人合影，一抬头儿子就跑不见了。

大众的集中关注某种程度上让他恢复了旧日的光鲜，他却谈不上喜欢。相对而言，那种被遗忘的感觉要让他更为舒服自在，无需顾忌什么，更不用深思熟虑，任由生活自然流淌。

告别传统唱片后，音乐在这个大数据时代找到了新的玩法，而提携了苏阳、马条、万晓利、李志等一众新时代民谣歌手的老狼，大部分时间仍沉浸自己过去的格式里。

⦀ 一个文艺中年的日常

"狼哥这个人你10年不见他，给他打个电话，他还是原来那个人，对你的热情一样的。不用去刻意经营什么。别人欠他的他有时候就忘了。"民谣歌手马条告诉《博客天下》。

在他和朋友们眼里，老狼最明显的改变不过是发色，以前是黑色，现在是亚麻色，因为有白发了。

采访约在北京东五环附近的一家餐吧，老狼啜着自酿啤酒、嚼着烤串，前后点了八根烟，说两句呵呵乐两声露出牙龈，没有分毫正襟危坐的客套。

他穿一件有毛边的黑T恤、一条破洞牛仔裤，蹬一双黑灰色匡威，完好地保存着一种多年如一日的散漫气质。

一曲成名让他一早就脱离了柴米油盐的烦恼，但他对如何经营自我或成立公司并没追求，也从没考虑过商业回报的最大化。他的手机是一部老款的苹果5S，一辆奥迪A6开了10多年。

他没有经纪人，所有琐事都是自己和一个助理打理。乐队需要一把吉他，就找了一个吉他手；需要一个口琴，就又找了个吹口琴的。出道至今，他保持着慢悠悠的生产节奏，一共只发行了3张唱片。

他称自己属于特别迷糊和不称职的制作人，总想尝试各种不确定的形式，一张专辑做两三年。偶尔兴致来了想写歌，但一想到创作过程中那种专注的痛苦，内心挣扎一下写两行也就搁置了。

他不是一个爱玩命的人，什么事好像都影响不了自己去做大的改变。他从不刻意去规划什么，也没有拼命要从这个世界上抓一点什么来的焦虑，生活和工作都随遇而安。

妻子潘茜是他高中时的女友，也是他的初恋，两人的感情已经走到第30个年头。潘茜喜欢他的发型，他就任由其自由生长，20多年也没换。

这些年来，除了音乐，他把更多的时间放在了生活本身。要么出去旅行、爬山、探险，这是他从小的梦想，为此他去过非洲、登过珠峰、爬过乞力马扎罗山；要么在家看书、听音乐，他有很多藏书，对非虚构写作有兴趣，长期关注各种独立音乐人。

马条称他为"准文艺中年"。他听过的很多唱片都是在老狼家被"安利"的：歇斯底里的GALA、王威的《兔子》。老狼常说的一句话是："哎，马条你听听这个，巨牛。"

"他的兴趣点就在这儿，这是他的爱好，不是商业运营。我、苏阳、万晓利、宋冬野、马頔没火之前，那些demo全在狼哥家里。"马条说。

大院子弟出身的老狼从小接受的是墨守成规、按部就班的教育理念，父亲是中国航空航天部总工程师，母亲是中央广播交响乐团团长。上大学时，为成全家人心愿他放弃了哈工大的录取书，以比第二名高出260分的入学成绩进入北京联合大学无线电专业就读，同窗里有后来成为作家的石康。

那时的他就已经有了强烈的文艺倾向，读马尔克斯、米兰·昆德拉、普鲁斯特，还和高晓松玩起了乐队。

后来通过石康又结识了作家杨葵、编剧唐大年等文化圈的世家子弟，文艺青年内心的小火苗使得老狼特别向往知识分子。唐大年当时在安定门有一处房子，大家经常聚在那儿喝酒、聊天、搞沙龙、谈艺术，他自嘲"跟听天书一样"。让他深有感触的是，那个年代大家保持着一种无所事事、理想幻灭的状态抱团取暖，以无业为荣，现在人们却铆足了劲儿以创业为荣。

受1990年代文化圈的影响，老狼身上有一种典型的怀旧文艺气质。乐队吉他手杨颖彪常跟老狼一起听摇滚乐，他眼中的老狼特别喜欢Pink Floyd、Peter Murphy这种70年代的经典摇滚乐，以及一些"特别的、概念化的、有迷幻色彩的"元素。老狼钟情于郁冬、Sigur Rós，莱昂纳德·科恩、红辣椒、Radiohead，微博上分享的音乐也五花八门：硬摇、爵士、电子舞曲、布鲁斯，热门的冷门的独立音乐人。

对于音乐的多元审美使得老狼非常善于发掘民间歌手。没事干的时候，他会开着车在胡同里乱转，看哪个Live House（小型现场演出场所）人多就一头扎进去，遇到喜欢的歌手就在那儿一直听。他更关注音乐本身，而非音乐人的名气大小。

民谣歌手苏阳刚从银川到北京时人生地不熟，老狼看他晚上一个人待着，就带他去CD Café玩儿，这是京城爵士乐演奏的"绝对现场"，刘元常在那里吹萨克斯。

对老狼来说，Live House的趣味就在于它的不确定性和真实。演出者状态不好演得特屎，场面就会失控，演得好底下的人则特别发泄。李志在愚公移山做"工体东路没有人"专场，唱了很多"屎屁尿"的歌，人群在底下大声喝彩、起哄，老狼觉得这种真实的反馈特别逗。

‖ "很宽很厚像真正的北京城"

朋友圈里，老狼一向以好人缘著称，熟悉的人都唤他"狼哥"。身边的哥们很多都有十几、二十多年的交情，有发小、大学同学、搞音乐的、搞文化的、驴友等。他甚至和一些歌迷成为了长期的朋友，眼看着他们结婚、生子。

"都是真朋友，不只走形式。你跟一个明星以诚相待是很难的，但他没拿自己当明星。"鲍家街43号前主音吉他手龙隆对《博客天下》说。一般艺人出门都众星捧月，老狼却会主动、非常自然地替乐手拿琴、提箱包。

摄影师高源去年有一场"中国摇滚十年"摄影展，记录了1990年代中国摇滚由盛而衰的影像，里面有很多老狼的身影。杨颖彪称北京城所有最老的rocker（摇滚乐手），"全都跟狼哥特别好"。

马条第一次见老狼是超载乐队的李延亮带着去的。当时老狼住复兴门，听了马条的卡带觉得不错，来了兴致，一直跟他聊，聊完了又带着大伙去小饭馆吃北京炖吊子，给马条留下了"特别随和"的初印象。

苏阳性格内向，跟陌生人话少，跟老狼在一块却觉得特放松，没有压力。"他跟我们在一块像是大哥的感觉，总是可以帮助答疑解惑。"音乐制作和乐队上不懂、没经验的事儿，老狼都会给出主意搭一把手。老狼却很少让他们帮忙，或者抱怨事情不好办。

2001年马条遇到些困难，老狼知道后直接带着他找到一个提款机，取了5000块钱给他，说你买几身衣服。那时候取款机每天最多只能取5000块，马条很感动，没说什么就把钱装进兜里。过了三四年马条去还钱时，老狼已经忘了，"他说你还记得这事儿啊"。

"用大哥形容有点儿江湖，用良师益友又有点儿文绉绉的，他也是有家有孩子的人，（我们）就像亲人一样。他特别关心我的生活，经常问我你儿子怎么样，你和你媳妇吵架吗，你们家阿姨好不好，你们家阿姨做菜怎么样。"马条说。

平时马条开个专场，李志发布个什么，万晓利弄个什么，民谣在路上有什么事，自然而然都会叫下老狼。没事时，老狼也很愿意和朋友们聚聚，喝两杯、吹吹牛。不过他不太习惯成为饭桌上的话题主导者，爱听别人说，这一点跟他的朋友高晓松完全相反。

在熟悉的人面前，老狼很能开玩笑，喜欢"打岔"，不太爱聊特别正经的话题。微信朋友圈里他喊李志"网红"，管小河叫"河仙儿"，叫张玮玮"玮哥"。最近万晓利弄了一个乐队叫横切面，老狼、马条、苏阳表示要弄一个乐队叫刀削面，"要削他们"。

民谣歌手张玮玮觉得老狼"很宽很厚像真正的北京城"。他喜欢跟大家融洽相处、让别人放松，不希望身边有人被冷落。他认为这种真实与松弛来源于老狼自身的安全感、稳定性和自我满足。

"狼哥不是纯纯的一朵小花朵、小绿叶飘荡在这个肮脏的世界里。如果他要去迎合某套规则他是完全明白的，不过他有他的选择。他的谦卑不是那种没有底线的，首先自尊自立已经做得很好。"张玮玮告诉《博客天下》。

这种拎得清在老狼的为人处世上也有体现。他会被有才华和有态度的人吸引，却对带着功利目的的社交没什么兴趣。结识的各色女演员和女歌手，有些人一看就是想认识俩名人，"那个可能就没什么意思了吧"。

对身边友人的商业套路他有着自己的判断和认知：高晓松是灵机一动、情绪化的；宋柯理性，有着敏锐的商业判断；卢中强像游击队，有情怀理想但是特别不稳定。很多事情他劝马条不要去做，说他不是那块料，好好搞好音乐就什么都拥有了，也不会在意这话马条爱不爱听。

在苏阳看来，老狼很淡然，身上没有抱怨的东西和行业混久了的油腻劲儿。温文尔雅但说话挺直、不磨叽，不会去阿谀奉承或者说场面话。

排练的时候乐手出了错，老狼也会有脾气："哎干吗呢，怎么弹的呀，你这个节奏不对我怎么唱啊。"有次在唐山演出快上台了，他在后台给乐队交代事情，突然有个记者冲上前来要采访他。老狼当时就急了："你们能干点什么啊，我正在交代工作呢，你们等一会儿。"

"经常像小孩一样感性。"马条回忆起有次老狼在西安唱《恋恋风尘》时万晓利冲了上去，他大吃一惊，唱着唱着抱着万晓利就跳起来了。还有一次，老狼在四川演出正唱着，不知谁放了个礼花砰地就爆了，惊吓中老狼对着麦嚷了句脏话，下面好多人都听到了。

远离娱乐圈核心给老狼带来了状态上的某种自由，但他也自认为身为一个艺人非常不专业，缺少对于投资商团队的责任心。

之前签约华纳唱片时，他跟时任华纳中国区常务副总经理和音乐总监的宋柯多有争执。宋柯觉得娱乐行业的艺人就应该保持曝光率，有义务跟媒体和歌迷做一些互动。

但对于过多的曝光甚至借机炒作，老狼心底一直比较怵，他崇拜的那些音乐家更在乎的是作品本身和内心的东西。

对大众关注的逃离或许跟他敏感的心性有关。老狼自认为情商不高，不擅长呼应观众的反应。近年来他很少面对媒体，在一个自媒体遍地开花的年代，他也不太愿意去面对和承受网络上鱼龙混杂的评论，觉得这些喧嚣会对自己的心理产生影响。

这两年他也想开始有一些改变，做一些新的尝试。他一直念叨那个年代的好些作品被《同桌的你》的光芒掩盖住了，他想对那个年代有一个交代。目前他正在启动一个致敬校园民谣时代的翻唱项目，找来像宋冬野、曾轶可、李志等新一代音乐人去翻唱高晓松、郁冬、沈庆、金立、丁薇等人的作品，包括北大《未名湖是个海洋》里没有红起来的歌。

⦀ 有没有听到那个声音……他来自我的心

参加完《我是歌手》后，2016年5月，老狼在青岛举办了一场不插电小型演唱会。舞台上的他话一贯的少，但放松了很多，在架起的话筒前轻微地扭动着身体，不时撩拨自己的长发，兴起时会像摇滚歌手那样狂甩一通蹦跳着。

演出结束后，乐队成员的庆功宴一直持续到午夜两点，大家一边碰杯一边扯着闲篇：

分给我快乐的往昔/你曾经问我的那些问题/如今再没人问起/如今……(和音)到最后4句我的眼泪哗地就下来了。

我是《来自我心》弹嗨了。

演《来自我心》我今天真的也走心了，吹(口琴)的时候整个人是在里面的。

他们中有一些人在初中时就听过老狼的歌。从5人到12人，这支乐队已经和老狼合作了10年，每年有几十场演出。

老友龙隆一直认为老狼有一个摇滚的心态，但没有得到释放。他觉得老狼很适合以乐队主唱的形式继续音乐生涯，于是在帮老狼做完第三张唱片的编曲后，就搜罗乐手为他组了一个乐队。从此老狼不再单打独斗地唱商演。

12人乐队跟着老狼上了《我是歌手》。对参加这类节目，老狼起初近乎厌恶地排斥，近两年比较火的真人秀大多让他失望，他认为不真实。但最后他还是没经住朋友的劝。今年2月他跟随乐队出国演出，在温哥华的一个赌场里他接到宋柯的电话："你再考虑考虑，就当是玩一趟挣个演出费。"他又琢磨了下，"反正就五首歌，是好事又能挣钱，管他呢"，于是就拍了板。

老狼并不是一个容易说动的人，很多事情他有着自己的坚持。他的微博评论只有他关注的人才能回复。高晓松在第二期节目做帮唱嘉宾时劝他把评论开放，不然显得特别怂。老狼却觉得微博更多的是自己的私人分享和收藏，他并不太在意别人的感受，也没有那么多的想法要去跟网友互动。

他认为高晓松内心比自己强大，在这个"全民狗仔的年代"做得游刃有余，自己主要就是自我消遣，过个人的自在生活。

《我是歌手》是一个竞演节目，不是一个讲求谦让的舞台，老狼对此并不刻意迎合，只唱自己喜欢的朴树、高晓松、郁冬、张玮玮的歌。在"通利福尼亚妇女作家顾问团"的主意下，总决赛他攒来了中国摇滚界黄金年代的半壁江山，一同演唱悼念唐朝乐队贝斯手张炬的那首《礼物》。除了许巍、张楚，当初合唱这首歌的全班人马悉数就位。

"很多人在我们所谓的音乐道路上慢慢掉队离开了。实际上我是想时隔多年之后大家因为一首歌放下成见和芥蒂，重聚来纪念这些人，把它作为一个礼物呈现给观众。它的意义已经超越了所谓比赛。我想象中如果是全阵容出现，我一句不唱都可以，跟观众一块坐底下哭。"老狼对《博客天下》说。

播出后他也曾在意电视转播传达的短板以及网上"车祸现场"等负面评论，后来觉得做成这件事本身比这个那个都重要，真正被打动的那一批人在意的是青春时代飞扬的感觉。他是一个感性的人，即使现在在家听《礼物》《时光流转》这样的歌依然会哭得稀里哗啦。

像去年的李健一样，参加完《我是歌手》，老狼的身价涨了，演出日程密集了起来。街头的灯箱里，他跟李宇春、郑秀文、张震岳等出现在同一场演唱会的广告里。

他不否认节目给他带来了显而易见的利益，却感慨现在这个时代"人红是非多"。他依然抗拒媒体蜂拥而上的采访，觉得这些年也没做太多的努力，只不过是因为一个节目曝光又被大家关注。

这么多年来，他并不厌倦被赋予的标签，却从未以此名义去发起什么，觉得自己不过是角色扮演，被推向了校园民谣代言人的位置，无形间掩盖了那一批创作者的真实状态，一直心怀愧疚。同行的那些没有成名的人日后过起了正常人的生活，心里却一直对音乐保持着热度，这种内心的满足和慰藉，是他最看重的。

"哥们都想退出这个行业不干了"

年近半百的老狼并不排斥新生事物。他有Kindle，用淘宝，爱上B站看冷门电影，也去豆瓣听独立音乐人。

平时乐队想尝试新的曲风，比如把布鲁斯、摇滚、爵士的元素糅合在一起，他也非常愿意接受。这种对新鲜事物和随机性的好奇，他笑称"可能跟射手座也有关系"。

《我是歌手》中，老狼曾经想找李宇春帮唱一首二次元神曲《普通disco》。"你知道二次元是什么吧？二次元就是动漫人物的那种，据说有一个领袖式人物，就是如果所谓我们这种三维世界的人进到二次元的话，你得经过他的认可才行。"谈起"二次元"话题，他毫无隔阂感。

但年龄相仿的龙隆感慨两人都变老了。时间在他们身上以某种方式沉淀了下来。在红极一时的90年代，年少轻狂的老狼浑身洋溢着桀骜不驯的感觉，瞧不上晚会歌手，看不起在行业里不惜一切代价去钻营的人。人到中年，少年时代的自我膨胀被岁月捶打为同理心，他发现每个人身上都有着有意思的一面和存在的意义，多数时候我们并不了解其他人的生活和心态。

"唱一首歌爱一个人过一生"，多年来被外界奉为爱情楷模的老狼特别抵触这种说法。历经多年感情的起起伏伏后，他逐渐感受到爱情这两个字的复杂性。

"老狼"这个名字源于他的妻子，具体来由两人都记不清了。只记得中学谈恋爱时约着去什刹海散步，冬天的湖面结着冰，夜里四下无人，老狼会在岸边喊两嗓子，从远方传来了类似狼嚎的回音。

少年时代的爱情观更多地被荷尔蒙左右着。人到中年，他不再追求那种戏剧化和激烈的生活方式，选择了平平淡淡。这种感受他很难描述，里头有一种特别亲密的感觉，俩人的生活已经完全交织在了一起，在一种熟悉的默契中，互相又能够给对方带来不一样的感觉。"它不太像是'爱情'，却也挺美好。"

老狼和狼嫂彼此保持着独立的人格，这是他觉得这么多年走下来，俩人能够维系得挺好的原因。他眼中的妻子有自己的人生观、事业和生活方式，对待工作比自己更有责任心，而非完全依附于他的生活。

3年前，老狼有了一个叫小橄榄的儿子。为人父后，他的生活变得规律，早上6点过小橄榄就会在屋里闹腾，他就起床吃早饭送儿子去幼儿园。回到家就上上网看看书打发时间，过起了资深宅男的生活，有时候甚至一两个星期不出家门，Live House和各种饭局也去得少了。这样的生活，他偶尔也会觉得乏味。

对于父亲这个角色，老狼心底还是有点压力，时不时感到困惑。他会给孩子定各种各样的约束和规矩，内心却很矛盾，觉得在要求孩子的时候大人不一定能做到，挺不公平。比如玩手机，比如教育孩子不能撒谎，却不知道孩子在长大成人的过程中，发现自己也会虚伪地面对一些事情该怎么办。

岁月也在他的身体里留下褶皱。压力大的时候他偶尔会有些力不从心，音高、力度一瞬间达不到，唱出来的东西自己都不满意。《我是歌手》每次比赛前他都觉得自己状态不好，有时候一首歌下来他会感叹"怎么觉得那么累呢"。他自嘲现在眼睛花了，看书还得戴老花镜，光线不好的时候也看不清楚，看书的时间也远不如青年时代那么充裕了。

2015年11月底，老狼在上海给野孩子做嘉宾，张玮玮发现他突然显得有点老。当时老狼的父亲过世，母亲生了病，整个人很憔悴。那天晚上张玮玮接到电话，自己的父亲也病危去世。之后他翻看自己在家守孝的照片，发现跟老狼是一样的神情。

"从那之后体会到人生无常，实际上到现在想起来依然会难过，我觉得那就是生活，没办法你必须要经历的。只能让时间去淡化这些感觉。偶尔想起来还是会挺不舒服的。"老狼说。

现在的老狼越发想追寻内心的东西，想要弄清楚人到世上来一遭的最终目的这样的哲学命题，岁数大了他看开很多东西，觉得音乐有时候就是个调剂品别太当回事，大多数时候却依旧茫然。马条前阵子跟他聊天，他甚至说："哥们都想退出这个行业不干了，就挣点钱、唱唱歌，没什么意思。"

他知道白衣飘飘的情怀已经不符合现代人的消费和社交习惯，人们的情感需要进入到新的体验。但他并不认可衰亡和被迫害论，认为每个时代的所有音乐自有它存在的道理。

《我是歌手》的最后一首歌，老狼又换上了招牌式的白衬衫，用20年如一日的温暖嗓音悠悠唱着"三月的烟雨/飘摇的南方/你坐在你空空的米店"，张玮玮拉起手风琴婉转的间奏，时光在这位校园民谣代表人物的额头拧出凹陷，却没有蒙上风尘。

（2016.7.1）

第二章

章

一代人唱，一代人忘，但神曲仍旧照常升起

每个时代都有属于自己的神曲，无论古今，更不分地域。每个时代的神曲也照应着那个时代人们精神生活的某种特质。"文革"期间，样板戏照应的是威权政治下人们的精神生活。而在消费主义盛行的今天，神曲无疑契合了沉闷年代的另一股潮流：世界在下沉，年轻人在狂欢。

　　在这样的沉闷年代，底层的年轻人习惯了用一种灌输对抗另一种灌输，他们不需要"伟光正"的教导，只图朗朗上口、宣泄情绪的一时快感。工匠式的唱片时代向互联网时代过渡也给神曲的流水线生产提供了技术支持。

　　在这组神曲年代的系列报道里，我们希望以一种平和而非娱乐、理性而非粗暴、技术而非戏谑的态度看待神曲和他们的制作者，回答这个时代的神曲如何制成，又以何种方式侵入到中国人的精神世界。

　　从2000年网络普及时代诞生的《东北人都是活雷锋》《老鼠爱大米》到当下火爆的《我的滑板鞋》，这些神曲传遍中国大江南北，尽管一代人唱，一代人忘，但神曲仍旧照常升起。

曲意：逢迎

迎合下沉的精神，迎合狂欢的感官，神曲借逢迎人性实现流行。文艺复兴太难，我们不求甚解就好。

本刊特约撰稿/郑子宁

神曲蜂出并作，世界单曲循环。

在电视、商店、广场，当然主要还是在你的大脑，《小苹果》已经排他性地风靡半年有余。你是我的小苹果，怎么听你都不嫌多。

直到气息迥异的庞麦郎携《我的滑板鞋》杀出，神曲终于又踩上了另一种步伐。

以雪村的《东北人都是活雷锋》为标志，一个新的时代宣布开始。《老鼠爱大米》《爱情买卖》《忐忑》《最炫民族风》……当工匠式的唱片时代完成了向奉行快速消费和免费拷贝的互联网时代的彻底过渡，神曲渐入佳境。

传统流行音乐的制作和传播有一个固定的流程——歌手与唱片公司合作，推出专辑，举办演唱会。从音乐的创作到歌手形象的包装，从唱片的发行到演唱会的举办，唱片公司几乎一手操办。但互联网的普及极大程度上改变了这个固有的套路，神曲的听众都成为了潜在的二次传播者，以极低成本解决了推广渠道的问题，使个人创作的神曲快速流行成为可能。

《东北人都是活雷锋》实际创作于1995年，本和无数原创歌曲一样默默无闻，直到在网络普及度大大提升的2000年被制作成flash，才终于大行其道。而具备分享功能的视频网站和社交媒体在近年的爆炸性发展，更是让神曲如虎添翼，拥有了病毒式传播的能力。本来名不见经传的小人物借助网民的力量可以一步登天，传统媒体也不得不迎合。诞生之初颇有"低俗歌曲"之谓，被传统媒体冷嘲热讽，乃至被说成美帝阴谋的《小苹果》如今已经让筷子兄弟登堂入室，打入全美音乐奖现场。

神曲由来已久，地域和文化的差异都难以阻止神曲出现。韩国鸟叔的《江南Style》甚至可以成为全球性的神曲，而英语世界中的《You're beautiful》《Dumb Ways to Die》等也广为流传。只是从前神曲受传播手段所限，很难造成如今这般的影响罢了。

绝大多数神曲并非整首从头"神"到尾，往往是其中个别几句副歌给人印象深刻，不断在大脑中回放，成就了整支神曲。如《东北人都是活雷锋》里的"俺们这旮儿都是东北人"、《老鼠爱大米》里的"我爱你，爱着你，就像老鼠爱大米"、《法海你不懂爱》中的"法海你不懂爱，雷峰塔会掉下来"、《小苹果》中的"你是我的小呀小苹果"等。德文中对神曲的此类特质有个形象的称呼：Ohrwurm，字面义为"耳虫"——不断回响的旋律正如皮肤上爬动的小虫子，让耳朵直犯痒痒。这个词在上世纪80年代开始被英文吸纳为earworm，或者转译为更严重的词汇：brainworm（脑虫）。

一项对芬兰12420位网民的调查统计显示：91.7%的人每周至少

会经历一次耳虫轰炸，33.2%的人每天一次，26.1%的倒霉蛋更是一天会数次被袭击。同时，15.1%的人认为耳虫使人烦恼，在各种感官刺激中高居第一，超出第二的幻视（7.4%）一倍有余。严重的耳虫足以困扰生活，效果堪比强迫症。

可以肯定的是，耳虫跟音乐接触有正相关，而音乐家是受耳虫侵扰最多的人群。但由于工作的特殊性，许多音乐家反倒觉得耳虫是一种享受，至少可以启发灵感。想来如今前赴后继的神曲创作家们，也一定受到了前辈们的启迪。

截至目前，科学界对耳虫发生的机理并没有给出合理的解释。虽然通过对大脑活动的检测，已可确认处理耳虫和处理真实声音的脑区一致，但究竟具体由哪些区域生成仍然存疑。并且，对于耳虫的触发机理、不同人群的触发差异，也众说纷纭。

好在音乐并不每时每刻都像科学那么神乎，神曲源源不断地出现，已经说明其中一些基本奥妙，正逐渐被音乐人掌握。

理论上，任何音乐都可能产生耳虫，变身为神曲。但相对来讲，某些旋律更容易成为"洗脑病毒性旋律"。

成为神曲的首要条件就是简单。大脑能够自行回放音乐，先决条件是其已被记忆。人脑记忆功能有限，超过半分钟不易记住。所以，令人惊叹的复杂旋律固然有可能动听悦耳且格调高远，却很少成为耳虫。

《小苹果》乐谱中，让人不堪其扰但同时也最流行的"你是我的小呀小苹果"，长度十分短，旋律以"你是我的""小呀小苹果"为两个小节，且均为波浪形下行的旋律，没有受过音乐训练的人也能很快掌握。而《法海你不懂爱》中，"法海你不懂爱，雷峰塔会掉下来"的旋律也格外简单，前后自成单位，前几个字调子较平，接下来先低后扬再低，简单明了，朗朗上口。

除这种简单原则外，重复也是耳虫另一个重要特征。反复的刺激，是人脑记忆的重要方式。一般歌曲中，重复数次的副歌往往更能被人记住。

仍以"你是我的小呀小苹果"为例，前后共8拍，一句之内旋律却颇多重复之处，前后两小节旋律上基本一致。而该段旋律本身在副歌中仍然不停重复，故而在整首歌中出现频率极高。

同样，"法海你不懂爱""雷峰塔会掉下来"两句旋律的近似度比"你是我的"和"小呀小苹果"更高。除了"法"所占的一拍被"雷峰"瓜分，使节拍微调，两分句的旋律没有任何区别。并且这一旋律会演唱两遍，之后"法海你真的不懂爱"旋律也极为近似，整个副歌绝大部分时间都在重复这一旋律。

当然，歌词对于神曲的贡献绝对不可小觑。七成以上的耳虫现象都由带词的旋律引发。词曲结合往往会给记忆提供很大帮助，比单独记词和记曲都要容易。国内流行的神曲中只有《忐忑》在这方面极为特殊，其他神曲的歌词非常简单，与旋律合拍，最有利于"过耳不忘"。

在古代，能够长期并广泛流传的歌词多经过千锤百炼，相当考究。例如清朝早期有"家家收拾起，户户不提防"的说法，即指昆曲《千忠戮》《长生殿》中的两句词家喻户晓。这两句分别是"收拾起，大地山河一担装"和"不提防余年值乱离"。刨去昆曲的复杂旋律不谈，仅仅光看歌词就知道它们在神曲时代毫无流行可能。

神曲的歌词永远是简单粗暴的。以《东北人都是活雷锋》《老鼠爱大米》《最炫民族风》《法海你不懂爱》《小苹果》五大神曲为例。早期的《东北人都是活雷锋》走了乡土路线，用了"俺们""咋"之类乡土气息十足的词，借力东北乡土文化向全国的扩张，迅速南下散播。后四首神曲则基本离不开"我""你""爱"三个字的各种反复堆砌组合，"我爱你""我的爱""爱着你""不懂爱""你是我的""怎么爱你"等歌词虽然容易陷入烂俗行列，但对于在近年的城市化大潮中进入城市打拼的年轻人而言，父辈埋头打工挣钱养家、不思娱乐的生活已经无法接受，在缺乏其他娱乐手段的情况下，简洁直白的神曲实在是再好不过的宣泄放松方法了。

近年神曲的发展更有迎合社会的审丑倾向趋势，音乐人甚至可以以烂为美，烂出风格烂出水平。《我的滑板鞋》以及四川姑娘魏楸桐翻唱的《火》都是个中代表。甚至近期审丑的焦点，"一百块都不给我"事件的主人公小红帽据传都在加紧制作神曲，以期继续占领话题。故而，经典歌曲被永束高阁，一支支出位到不可收拾的神曲却能传遍大江南北，直到被下一首神曲取而代之。

遗憾的是，由于科学界对耳虫现象的研究尚不透彻，对究竟什么旋律什么歌词会成就神曲的总结，迄今仍然相当粗浅。从另一方面看，这也是人类的幸运——音乐创作者同样无法掌握其规律，得出神曲制造公式。国内诸位神曲创作者中，似乎只有龚琳娜凭借深厚的理论音乐功底勉强做出了不止一首神曲，其余神曲歌手均如昙花一现，在风靡一时之后迅速湮没无闻。

在可预见的将来，神曲还将继续成为国人精神生活中不可或缺，甚至越来越重的一部分。对立志避免被神曲侵扰的人来说，只有远离洗脑旋律，减少听到神曲的机会，才能摆脱耳虫。只是，神曲的传播机制越来越成熟，互联网上的病毒式传播，配以广场舞、理发店的线下播放，刻意的反抗效果很难令人乐观。

　　2014年12月24日，辽宁省沈阳市，伴着降雪，近千人在沈阳市和平区中山路上快闪跳起《小苹果》。

（2015.1.15）

制造小苹果

———————

《小苹果》的神曲之路是互联网思维和规律的一次成功运用，"现在正是灭神、造神、建立新秩序的时候"。

本刊记者/陈雨

2014年11月，筷子兄弟在"全美音乐奖"广告时段表演神曲《小苹果》。据称，现场美国观众反应冷淡。

按照联合出品方优酷的计划，2014年7月，筷子兄弟主演的电影《老男孩之猛龙过江》经历一周的公映后下线，先发预热的插曲《小苹果》至此完成它的"历史使命"。

优酷集团副总裁卢梵溪将这总结为一次"有组织、有预谋"并按计划完成的运作，但现实还是超出了他们的预想。

自2014年5月29日官方MV在优酷上线开始，《小苹果》迅速成为洗脑神曲，风靡全国，"到9、10月份达到全胜"。而那时距年末还有两三个月，这个断档令卢梵溪感到可惜。

"它（《小苹果》）理论上应该接上现在年底这一轮，比如各种企业的年会又会产生一大拨内容。"他告诉《博客天下》，"年会完了之后，就是各种春晚、盛典的颁奖、评选，《小苹果》火到现在这个地步，它本应自然接上后面这些，不需要我们来管。"

作为版权方，优酷对《小苹果》的每一步都有着明确的规划。在长达一年的准备过程之初，卢梵溪和团队为它定下了"2014年第一洗脑神曲"的标签，而《小苹果》就像个听话的孩子，一步步实现了"父母"的期望。

《小苹果》是筷子兄弟成员王太利的"存货"，早在2012年《江南style》走红之前便已完成创作。2013年初，《老男孩之猛龙过江》的剧本成型，优酷立即着手为电影营销做准备。自称"音盲"的卢梵溪在这个时候第一次听到了《小苹果》，两遍之后，不自觉地开始跟着哼哼。

作为首批听众，他将这首歌的特点总结为：旋律朗朗上口，传递简单快乐和主流价值观，并且在当时还处于微调状态中的电影故事里也能找到自己的位置。

音乐和电影的结合对于卢梵溪口中的"网生代"筷子兄弟来说并不是第一次。2010年，筷子兄弟的微电影《老男孩》从优酷"11度青春"的策划中脱颖而出，上传仅5天视频点击量超300万，同名主题曲《老男孩》被网友迅速自行翻唱翻拍，形成了大规模的传播，这启发了卢梵溪。

在之后推出微电影《父亲》时，优酷尝试计划性地复制这一模式，提前做好了不同版本的先导MV，征集网友和父亲的合影，号召自制翻拍视频等等。但因为同名歌曲《父亲》传递父子情的特殊性，这些尝试的反响并不如预期。

但模式依然被延续。"好的内容，第一步是被看到，第二步被评论，第三步被议论，第四步被分享，然后第五步，所谓的再创造，就是翻拍歌词、翻拍歌曲、改旋律，然后改内容、改舞蹈、改视频，剪各种版本，诸如此类，这其实是网络时代才有的，以前没有。"卢梵溪说。

《小苹果》被确定为电影《老男孩之猛龙过江》的"护航舰队"，目标很清晰，打造神曲，制造话题。

王太利知道该如何制造一首洗脑神曲。简单，快节奏，跳着唱。写歌只用了他两天时间，编剧却折腾了38遍，筷子兄弟二人还为此专门设计了一套"搔首弄姿、扭腰提臀""特别二"的舞，并请来"骑马舞"的设计者李朱善为舞蹈做了简化。

MV找到了《江南style》的导演今世勋，筷子兄弟以打着马赛克的全裸形象出镜，看似欢乐地诠释了一个"四世轮回"的悲情故事。

在MV的脚本确定之初，优酷已经为它的传播做好了准备。受众被确定为"全人群"，针对约8个不同方向设计了48条先导视频，凭借视频平台的强大执行力实现了广场舞版、神同步版、跑调版等不同版本。

网络红人微小微因跳大张伟的《倍儿爽》出名，优酷请她在东方明珠前跳小苹果。"那时候大家还不知道《小苹果》是什么，就觉得好玩，自然有人围观。"

还有针对"暴走大事件""飞碟说"的软植入。在这种本身就有固定观众群、单集点击率几百万上千万的视频品牌中，以他们的方式加入对《小苹果》的翻唱、吐槽、恶搞，精准触及一部分视频观众。

"互联网的精神是什么？是开放，是尊重用户，他想要什么，你给什么。"卢梵溪解释，"其实这些东西到今天是可以讲的，就是大家会认为说，哇，很多朋友在翻拍，在翻唱，我也可以去做。就是因为第一我很喜欢，第二这个事情很简单，第三，有榜样。"

MV上线前3天，先导视频陆续发布。和《父亲》MV上线当天便有网友自制翻唱视频出现不同，网友对《小苹果》的大规模反应出现在两周后，这是整个推广过程中卢梵溪最担心的时候。

其他的合作平台，如唱吧APP、主流媒体、微博微信的传播都卓见成效，MV24小时内的播放量超过500万，从上线一周开始，蝉联QQ音乐巅峰榜第一名长达20周。但最被寄予厚望的翻拍视频却仍然按兵不动，那段时间卢梵溪频繁搜索《小苹果》视频，"一周过去了，优酷上居然所有的翻拍还都是我们做的"。

两周后，卢梵溪等来了爆发，《小苹果》"横扫A站B站，所有的排行榜你一看全是各种小苹果的吐槽"。后台的网友视频多得已经看不过来，最让他意外的是《小苹果》成为国防部的征兵广告和核电站员工版视频。"我真的是第一次看到核电站员工在核电站厂房里面穿着核电站的工作服在跳《小苹果》。"

至此，卢梵溪的预想基本达成。最后一步"倒推主流媒体"水到渠成，《小苹果》登上了央视、北京卫视和湖南卫视的中秋晚会，验证了前期对它的价值观判断。

在前有《变形金刚4》，后有《小时代3》《后会无期》的暑期档，只有一周时间的《老男孩之猛龙过江》票房4天过亿，插曲《小苹果》的带动作用不言自明。朋友告诉卢梵溪，去看电影时，听见有人买票说，我要买小苹果的票，对方问你是要买老男孩吧？"不，是小苹果。"

"之前有人问，你觉得这个片子票房多少？那时我们做了很多媒体关系，我说我希望做到1亿票房。所有人都那种表情，一看就知道不可能。《小苹果》出来之后，大家又来问我，说你希望做多少？我说1亿啊，大家又在说不可能。我说为什么呢？他们说小苹果都红成这样了，怎么可能才1亿？"

《小苹果》的神曲之路是互联网思维和规律的一次成功运用，虽然依稀可见2012年凤凰传奇《最炫民族风》走红的影子，但以内容制造平台为依托，使它在相对较短的时期内创造了最大的影响力。

卢梵溪说："做《小苹果》，是把我们前几年的事情和经验总结了一遍。现在我们在尝试国际化，这些最终都会在未来的新东西中逐渐被复制出来。"

而那个令卢梵溪感到可惜的断档，被"国际化"解决了。

2014年11月24日，筷子兄弟在"全美音乐奖"（AMA）上跳了一曲《小苹果》，抱走了"年度国际歌曲奖"，在后台几十个记者"长枪短炮"的疯狂追逐下不停地变换着pose（姿势），一扫拿奖前

"敷敷衍衍采访"时的尴尬。

卢梵溪和他们在一起，也高兴得不行。直到回到化妆间，一看手机，国内关于广告时段演出、买奖、假唱的负面新闻扑面而来，"很吃惊，也很受伤"。

"在文化输出上，一向脆弱的国民自信开始怀疑这个奖的权威性。"两天后出版的《华尔街日报》这样评论，他们援引AMA发言人利兹莫伦的话："这个奖是真的，有很多奖没有出现在镜头中，但奖项本身并没有什么差别。"

虽然优酷曾经是AMA的视频合作平台，但集团副总裁卢梵溪和筷子兄弟都对这个奖项并不了解，他们定下了不发言，"专心做好舞蹈和演示"的规矩。

"对我们来说，对筷子兄弟来说，这都是一个好的过程。不管怎么样，对中国音乐界来说，这个舞台我们去了。对我们来说，我们去了之后，我们知道人家是怎么做的。"

卢梵溪和筷子兄弟都承认差距的存在，卢用"泰山去纽约"比喻此行。"你让泰山去纽约飞檐走壁抓坏人，他可能能做。但你让他西装革履，举止有礼，喝着鸡尾酒跟你谈未来，不对。"他说，"泰山是森林的王，是这块土地的主人，他了解并且尊重里面的动物，能让狮子、老虎乖乖听话，但你不行。"

AMA只是尝试国际化的第一步，一周后的"Mnet亚洲音乐大奖"（MAMA），筷子兄弟在日韩偶像云集的舞台上拿走了"中国最受欢迎歌曲奖"，同样是和优酷合作的音乐奖项，之前的非议声并没有再出现。

《小苹果》终究还是拥有近2000万的MV播放量，超过60万支的相关视频，突破10亿的全网累计播放量，而优酷正计划着下一步将"小苹果"作为品牌继续深耕细作下去。

"中国现在的文化创意产业进入了春秋时期。"卢梵溪说，"可能大家都说那一块地盖不了房子，他居然就盖起来了，还很牛。然后大家说那栋楼是推不倒的，因为那是谁谁谁的，我居然还就把它给推倒了。现在就是灭神、造神、建立新秩序的时候。"

（2015.1.15）

神曲就像流行感冒，7 天就该过了

14年过去，雪村先生决定再消费一次当年自己的成名曲《东北人都是活雷锋》，这一次他希望借同名电影东山再起。

本刊记者/李天波　图/尹夕远

46岁的雪村希望自己能拍出一些既收获市场，又对得起自己良心的作品。

正在筹备新片《东北人都是活雷锋》的雪村先生，最近忙得有点焦头烂额，为了这部片的主题，他和他的团队已经商讨了近3个月，到现在也只定下了喜剧片风格。

市场的多变让46岁的他变得异常谨慎，从脚本的主题、风格，到片子形式，每一个环节他都力求跟监制、制作甚至摄像讨论出最佳方案，生怕再次做出错误选择。

他的焦虑多半来自于前两部影片的失败，2006年的《新街口》和2013的《卧龙岗》，都因"对市场的判断错误"而失去票房。第三次出任导演的雪村，希望这首曾让自己站在事业最高峰的歌曲，改编成影视作品同样能获得真正的市场认可。

雪村告诉《博客天下》记者，对于当年这首歌突然的爆红带给自己的改变，他觉得有些"莫名其妙"。前一天还在发愁下顿饭在哪吃，第二天就有无数个电话打来约他吃饭。谈及这首歌对自己最重要的影响，他沉思了几秒，回答了四个字："发家致富。"

走红以前，他每天骑自行车满北京转悠，跟人谈广告，从中东形势绕到300块钱的广告，然后被人甩脸子，很长时间都接不了一单像样的生意，工资也只有600多块钱。在温饱边缘徘徊的他未曾想到，2001年年底，他会拥有一辆价值239600元的宝来汽车，"全北京只有六辆，我就买了其中一辆"。

工作上的邀约像雪片一样飞来，最忙的时候一天需要转三四次飞机，出席三场大型的商演。走到哪里都有人请他吃饭，其中不乏一些重量级的官员和民营企业家，"鲍鱼、鱼翅，以前舍不得吃的全吃到了，出名挺好，一出名好多人请吃饭"。

2002年底，这首歌将他送到了全中国最有权威和号召力的舞台——央视春节联欢晚会，33岁的雪村身穿白色外套蓝色工装裤，戴着鸭舌帽，背着军绿色单肩包，以一身普通工薪阶层的造型演唱了表达在外工作不易的《出门在外》，并以"翠花，上酸菜"这句经典歌词结尾。他也借此成为中国内地第一位通过互联网及Flash走红而登上这个舞台的艺人。

虽然一夜走红带来的改变，让雪村时时觉得"跟做梦一样"，但这首歌的走红在他的预想之内，"当时很多歌都是说情情爱爱，但我说的是社会问题，其次，我开创了这种叙事风格的歌曲"，1995年刚创作出《东北人都是活雷锋》时，雪村就觉得这首歌具备走红的潜质，只是未曾料到自己走红要等到7年以后，并受益于互联网技术在中国家庭的普及。

2001年底，他的朋友将这首歌上传到一些大型网站，凭着诙谐、上口的曲调和歌词，歌曲很快被很多人下载，一位电脑动画爱好者又将此做成FLASH文件，让东北版的"翠花，上酸菜"真正家喻户晓。雪村也被网友称为网络歌手开山鼻祖，"我不是主动选择用网络来推广，是在别人的助力和科技的发展下莫名其妙地开了这样一座山"，雪村坦言。

对于自己的这首成名作，回过头来审视的雪村依然觉得满意，并打出了满分的成绩——100分，"无论是题材还是曲调，都是一种创新"。

让雪村把焦点放在过去的音乐之路上不是一件容易的事，"太久了，没什么好谈的"。更多的时候，他喜欢谈及自己目前正在筹划的电影。

当下，他最揪心的是《东北人都是活雷锋》这部电影的架构以及主题，喜剧风格的人物需要脸谱化，要求人物性格非常极端，怎么才能塑造出这样的角色是他经常思考的问题。为了寻求答案，一有时间，他都会看那些经典的影片，"不分类型，就分析他们怎么去充实这个人物性格的"。

其中，《狩猎》《大卫·戈尔的一生》和《窃听风暴》都是他重点推荐的影片，每一部都曾让他在屏幕前嚎啕大哭，"你看了这个，你才能懂什么是社会现实，都可能改变你的人生"。而国内，他最推崇的是导演李杨的作品《盲井》和《盲山》，前者讲述两个生活在矿区的人为金钱而谋杀最终反目成仇的故事，后者是女大学生被拐卖至某法盲山区，多年后被解救的剧情。

说起这两部作品，他连连用"牛X"这个词语来形容，但对于这种题材的作品，他表示并不会去拍，"无法复制，一是太真实，二是没好下场"。

46岁的雪村调侃自己曾经天不怕地不怕，现在什么都怕，"40岁以后好像你想的东西就越来越多了，这些东西甚至会限制你的创作"。

他最关注的是当下的市场，"我以前就觉得喜剧是胡耍，但后来发现市场需要这个，那就得放弃自己的一些个性"。将电影《东北人都是活雷锋》定位在喜剧档后，故事的类型成了他跟团队反复沟通的问题，爱情主题被他首先排除，跟曾经的歌曲创作一样，他排斥情爱类话题，"做不出新东西，我也过了那个年龄"。

雪村的谨慎与之前两部片子在市场上的失意息息相关，他将此归结为自己"对市场的错误判断"和"没有做相应的市场分析"。对于刚刚下线的影片《卧龙岗》的具体投入和回报，他表示不方便透露，只说投入有8位数，"总之赔了"。而在豆瓣网上，这部片子的评分仅有2.5星，290条评论里大都在吐槽剧情的无厘头以及特效的粗糙，甚至有人称之为"烂片之王"。

雪村能理解观众的反应，他对自己的这部影片也仅仅给了3分的成绩，剩下的97分，是自己从一开始就对市场做出的错误判断。《卧龙岗》以神秘的未知文明为背景，讲述了一对过着平凡、清贫生活的夫妻，因意外捡到神秘古董后遭遇了一系列离奇事件的故事。雪村从一开始就加入了外星人科幻的元素，他觉得国内市场缺乏这样的影片，但这类影片的故事节奏并不好掌握，他也没有考虑到电影技术的现实问题，尽管最后找了国外很多团队打造科幻的特效，但"效果都不怎么好"。

票房的失利也让他明白，竞争激烈的电影市场与歌曲市场一样残酷，甚至更为复杂，"大家只知道成功的，但不知道不成功的"，在咖啡馆狭小的包间里，雪村重新点起一根烟，语气平和地谈到。雪村认可电影市场票房的说服力，"成者为王败者贼，卖钱卖不过人家就没话说了了，你得接受这个事实"。

在淡出歌坛的这几年，除了电影，雪村也出演了很多电视剧，大多是一些坏人和农民工的角色，但都没有受到太多关注，"我的戏没怎么红，我好像跟影视没什么缘分"，雪村说完，慢慢靠在后面的沙发里，右手不停转动着手底天蓝色的水杯。

对于目前自己的生活状态，他用"俗套"形容，拍片、商演、看片、创作音乐，"现在商演很少，大多是认识的朋友邀请出演一些节目"。过去一年，唯一一件他觉得还算有趣的事，就是跟朋友一起接的一个视频技术项目，他在里面负责做出一个爆炸的效果，"8个人2万美金"，雪村用手比画出八的字样，2字被他拉得很长。

曾经投入全部热情的音乐在他现在的生活里，比重越来越小，"每年也就写一两首歌"，有时候也只是随性写，并不推广。对于当下大家热议的神曲，雪村并不关注，《小苹果》《伤不起》也是女儿唱他才知道。他拒绝评价这些歌曲，"我没有资格"，但"传到我耳朵里的都不一般，喜不喜欢是另外一回事"，在传唱度的标准里他认可这些歌曲的市场价值。

谈及时下大多数神曲的命运，雪村觉得"现在一首歌曲的走红都是短时间拿钱堆起来的东西"，大多都走不远。他承认，自己当时的机遇比现今新出来的歌手要好，"现在没有个千儿八百万你哪能做歌手，做梦吧！我那会儿一分钱没花过"。

雪村坦承，2005年以后转战影视圈也跟当时的市场有关，在《东北人都是活雷锋》走红后，他也写过《办公室》《抓贼2》等歌曲，但都没有获得太好的市场反响。为了保持知名度，公司也曾为他策划出书，"你说你一个唱歌的，出个屁书啊"，雪村到现在也理解不了这些推广办法。对于上一些访谈节目，他更排斥，"你上电视台说自己多苦逼，那些凌晨4点起来的服务员比你更苦，你抹什么眼泪，不要脸"。

他拒绝公司为他做的一些个人推广，唯一做出的妥协是，在商演的舞台上，面对那些等他献唱的企业家，把那句经典的"翠花，上酸菜"改为"翠花，上花椒粉"或者"翠花，上化肥"之类。

雪村相信，对自己风格的坚持或许会失去市场，但"它有意义"就像他此前写过但没被市场接受的"你要拆迁我要跳楼"一类的歌曲一样，"只要发生这样的事，过多少年这个歌都是有价值的"。雪村无法理解时下偶尔传进自己耳朵里的一些流行歌词，"搞对象，搞不到换一个，哭哭啼啼寻死像什么样，简直是危害社会"。

采访中，他唯一提及的一首网络歌曲是《我是老中医专治吹牛X》，这是一首讽刺现实中那些爱吹牛的人的歌曲，雪村喜欢它的理由是"讲的就是社会现实，有点价值"。问及为什么这首歌没有火起来，雪村思考了一下，说："可能我的文学水平比他们高一些，什么是文学，就是把本来直来直去的事说得模棱两可"。

雪村对自己曾有《东北人都是活雷锋》这样一首成名作，觉得"很满意"，"今天的一切都是这首歌给我的"。平日，他经常去楼下菜市场买个菜，空闲多了也跟大叔大妈唠唠嗑，也从没有人找他合影，"歌红人不红，做个平民音乐人，活得挺好"。

对于网络歌曲市场，曾经的网络歌手，现在的导演雪村觉得快速出名和快速沉寂都是正常现象，"这本来就是一个快速迭代的市场，就像流行感冒一样，7天就该过了，占着茅坑不拉屎就该滚蛋"。

（2015.1.15）

神曲皇后杀向广场

　　与外界对神曲三俗、无脑的刻板印象不同，这位名声大噪的神曲皇后，更愿意以一种现实的、带有底层反叛的价值观去诠释神曲存在的必要性。

本刊记者/李天波

　　2014年8月8日，河北承德滦平县，《放歌中国》栏目组走基层大型慰问演出活动。《伤不起》原唱王麟献唱《思密达》《QQ爱》等歌曲。

接受《博客天下》采访期间，王麟小姐正在三亚参加某品牌冠名的明星拼盘演唱会，作为神曲行业的代表人物，主办方明确要求她必须演唱《QQ爱》和《伤不起》。尽管已经唱到"有点烦"，但"他们可能觉得这两首歌就是我这类歌手的一个代表"，出于职业的要求，她爽快地答应了。

在海南三亚一个大礼堂里，她连续三天演唱了这两首代表作，每到歌曲高潮部分，台下上万人的观众跟着节奏跟她一起大声演唱，一句不落。她已经记不清，在中国的多少个城市，她在类似的场地以这样的方式演唱过这两首歌曲。

对她而言，这两首歌"意义复杂"，一方面，她借此赢得了人们的关注，被赋予"神曲皇后"的称谓，歌曲曾数月牢牢占据流行音乐排行榜的前十，获得了市场的认可以及可观的收益。但同时，迅速爆红也为她带来了更多的质疑，"鸟婶""三俗女王""哗众取宠的小丑"之类的攻击也接踵而至。

"（我）现在已经无所谓了"，王麟坦言，在神曲之路上的8年，自己的人生像抛物线一样，起起伏伏，她也从中悟出了神曲存在的社会土壤以及背后巨大的商业价值，更能理解这些质疑和谩骂。"现实很残酷，网络神曲是相对来说比较容易快速获取关注的捷径，我们当然愿意选择一些捷径来走。"王麟对《博客天下》说。

《QQ爱》虽然是王麟的成名之作，但她录制这首歌曲时"并没有抱什么希望"。2005年的王麟，已经23岁，在北京闯荡了5年，先后加入了清爽少女、飘乐团两个音乐组合，但都以解散告终。

现在回想起来，王麟始终觉得那种迷茫是人生中最灰暗的时刻，舞曲、电子、摇滚前后各种类型的歌曲都尝试了一遍，但没有一首能得到市场的肯定，"你就会怀疑自己到底有没有做好音乐的能力"，也有人劝她"年龄不小了，找个安分有出路的事做"。乐队同年龄的成员也先后跟她告别，有的回老家结婚生子，有的则选择到其他行业打拼。"看不到出路"的王麟也选择放弃北漂，回广州发展。

临走的时候，她的制作人天理给她《QQ爱》的小样，让她录音。与之前自己舞曲电子风格完全不一样，这首歌简单轻快，给人"少女那种很可爱的感觉"。她没想到，这首歌会成为自己实现"当一个歌手愿望的转折点"。

2006年3月，天理到广州邀请她重回北京，打造《QQ爱》这首歌，并承诺给她做一张"不会差"的专辑。制作人的建议很快被王麟拒绝，此前5年的经历让她有所顾虑，"再失败了怎么办"，相比北漂一族的辛酸，她觉得当时广州稳定的驻唱收入以及人脉资源更有利于自己的发展。

天理用"戏剧性"描述王麟态度改变的小细节。天理是当天下午4点回北京的飞机，两点多王麟请他吃饭，在餐厅出来的路上，天理最后试图说服王麟的时候，旁边小店突然传来《QQ爱》的旋律。

"这不是市场认同吗？"天理问王麟。王麟在原地迟疑了一会儿，回复他："那好吧，一起走吧。"

回北京后，天理迅速让王麟和《QQ爱》创作者王辉组成了S乐团，并借助多种渠道推广这首歌曲。让他意外的是，短短一个月，在各大论坛、音乐频道里，王麟的《QQ爱》上升到前三，到两个月的时候，打败了林俊杰的《曹操》，稳居百度排行榜第一。

天理告诉《博客天下》，《QQ爱》的成功得益于互联网的兴起，新兴的数字革命开始冲击传统的唱片行业，人们开始通过互联网获取自己喜欢的音乐。在互联网这个平台上，听音乐不再有门票、唱片之类的门槛，音乐的品位也变得多元，草根音乐更为直白、通俗的表达方式，更容易获得关注和认可。

王麟已经记不清《QQ爱》什么时候开始红的，"突然满大街都是我的歌"。这一年年底，她几乎接到了所有音乐排行榜年度盛典的邀请。

2006年12月，在广州体育场，她第一次作为主场嘉宾演唱了《QQ爱》，"很兴奋，感觉等了好久"。从6岁作为舞蹈演员登台演出，到18岁闯荡北京进入歌坛，她一直幻想着"舞台中央那束光可以打在自己脸上"。当天，体育场里几万人的观众黑压压一片，她看不清楚台下观众的反应，只有几万根荧光棒跟着自己的手来回摆动，有种"终于成了的那种恍惚感"。

这首投资总额在30万的歌曲依托互联网彩铃下载业务，为公司带来了几百万的收入。看好网络歌曲市场的天理，也开始将王麟定位为网络歌手进行包装和推广。那段时间，王麟迎来了自己事业上的第一个高峰期，赶不完的商演和接二连三的品牌通告，最忙的时候一个月有20多场商演，公司员工调侃说："王老师不是在唱歌，就是在去唱歌的路上。"在二三线城市拼盘演唱会里，她的照片永远被放大，安置在宣传海报上最显眼的位置。

这样的日子并没有延续太久，2008年3月，她接到了法院传票，《QQ爱》的词曲创作者孙辉和A公司要求她立即停止侵权演唱《QQ爱》，此前，A公司已经买断了《QQ爱》的歌曲版权。这个官司来来去去折腾了一年多，最后以王麟的败诉告终。时过境迁，她不愿谈及当时过多的细节，只是反复用"残酷"形容这场官司对她带来的伤害。

官司缠身的这一年，她几乎没有参加任何商演，陆陆续续推出的

《很傻很天真》《幸福的味道》等几首单曲，市场反响也不温不火。6年后的今天，她依然无法释怀那张传票对自己人生的影响，整整一年半她几乎在乐坛销声匿迹，仅靠着一些心灵书籍度过了那段"无聊又不知道该干吗的日子"。

而就在那两年，受益于网络音乐技术和手机彩铃业务的快速发展，网络歌曲几乎侵占了所有的音乐榜单，甚至一些传统歌手也开始转战网络市场。慕容晓晓的《爱情买卖》、凤凰传奇的《最炫民族风》等红遍大江南北，这些神曲歌手也赚得盆满钵满。

真正让她重回公众视线的是2011年的《伤不起》，这首歌曲在上线不到一周的时间里，就超越当时第一的凤凰传奇，在百度排行榜上当了半年的冠军，在前十的热门歌曲排位里整整待了一年半。依托网络载体的彩铃下载业务，这首歌曲当年下载量破亿，取得了几千万的收益。

但商业上的成功，并没有为王麟带来太多的认可，网络歌曲并不被真正的音乐人士和精英阶层肯定。她承认，自己因为这首歌"社会地位有被认知"，但"有很多人是攻击性的，（说我们这样的歌手）是被别人看不上的"。

《伤不起》的一夜爆红，让王麟也常常觉得困惑：自己到底该做什么样的音乐。明明喜欢的是范晓萱的《氧气》、lounge（原意为客厅）式的小清新音乐，唱的却是"大家热嘲的网络新词"，有时候她也会觉得自己的歌曲难听。她一度拒绝跟朋友去KTV，生怕对方让她唱《伤不起》。

天理印象中，王麟也曾多次表达过自己的抗拒，"她也想做点自己喜欢的，或者说高大上的音乐"。

"第一次拿到《伤不起》歌词时，王麟看了看，嘴里嘟囔了一句'你的良心狗叼走（《伤不起》里的一句歌词）这是什么啊？'，转身就离开了办公室。"天理对《博客天下》记者回忆。

天理劝王麟，歌手就像演员，你昨天演了一个特别好的角色，今天给你一个反派下三烂的角色，你难道就不演了吗？对于王麟的反应，天理也能理解，"你的品位明明是一些好看的大品牌，让你现在穿城乡结合部洗吹剪那样的衣服，谁会愿意啊？"

市场需要的也是神曲。王麟也曾尝试唱过《很傻最天真》《能不能》这样的小清新歌曲，但比之于自己神曲动辄几千万甚至破亿的点播量，这几首自己中意的歌曲点播量刚过百万。市场的热烈反馈让她无法拒绝，这是必须要接受的现实，"在北京你首先要考虑生存问题"，王麟说。

除了不被主流音乐界所认同，王麟面对的另一个尴尬是"神曲歌手就是脑残"的标签化认知，"唱神曲的歌手也不应该有什么正常的品位和喜好"。她曾在微博上发布状态说自己喜欢Pink Floyd——英国先锋摇滚乐队，迅速引来网友围观，"你竟然还知道他们？装逼！""你这样的还能喜欢他们？"此类的留言占据绝大多数。王麟在自己的知乎里自嘲说，"我第一次知道原来喜欢一个歌手也需要资格"。

对于她的嘲讽从来不间断，或者可以说整个社会对演唱神曲的女歌手并不够包容。网友一度攻击毕业于中国传媒大学的王蓉，演唱《小鸡小鸡》这样的神曲简直丧失了道德底线，王麟在知乎上反驳："比起传媒大学送到央视的一些女主持人，我觉得王蓉这算什么丧失道德底线。这个世界上，为了生存，会有许多肮脏的东西。有些肮脏是表面的，有些肮脏是你们看不见的。"

对于音乐市场的竞争压力，在默默无闻中闯荡过6年的王麟深有体会。网络的兴起给人们带来一种新渠道的同时，也意味着更快速的迭代，"跟不上变化，你就结束了"。在她的认知里，是现实的残酷逼迫大家去找寻捷径，"弯路真的没有时间去走，那条路可能会比较艰苦一点"，很多传统意义的歌手也开始尝试做一些"比较容易快速获取关注"的神曲，比如大张伟。

在《伤不起》走红后，按照公司的安排，她又推出了很多相似曲风的歌曲，如《思密达》《五环之歌》《大宝剑》，虽然比不上《伤不起》所取得的成绩，但在百度音乐排行榜上，都排在前十名的位置，尤其是暗指出轨行为的《大宝剑》，因与演员文章出轨事件呼应，曾连续两月在热门网络歌曲排行榜里位列第一。

尽管并不都是自己喜欢的歌曲，但她坚决否认自己的歌曲毫无价值，"我的歌曲就是一部网络热词史，记录了千禧年之后的网络文化"，2011年网络热词伤不起对应的《伤不起》，2012年鸟叔走红对应的《思密达》，2014年文章出轨门对应的《大宝剑》。

但在进一步探讨自己对神曲的理解时，王麟以自嘲的语气反问记者，"我说《伤不起》是吐槽通过网络约炮的劣质行为，《五环之歌》是讽刺帝都对交通运输监管不力的现象，大家不信吧？"

曾有网友在网络社区知乎上问王麟，自己喜欢凤凰传奇的歌，但怕人笑话不敢说该怎么办。王麟的回答是："音乐品位如果上升到划分群体、阶层，或者影响人际关系，只能说明你很在意这个音乐品位带来的附加值了。"将音乐当做人群甚至阶层的划分让这位女歌手感到厌恶。

在漫天对神曲的质疑与批判中，王麟学会了以一种更缓和的态度看待自己从事的工作。改变她态度的是2012年《江南style》在全球爆红，联合国秘书长潘基文称，这是一首有利于世界和平的歌曲。

潘基文不会想到自己的一番话鼓舞了中国一位以唱神曲成名的女歌手。这也让王麟开始思考神曲真正的存在价值以及可能带来的社会影响，内心里她慢慢接受了自己的这份工作。

年关将至，最近的王麟忙着四处走穴。结束三亚的拼盘演出后，2015年1月11日，她将飞往韩国，跟那边的制作团队接洽下一张专辑的制作事宜。1月15日，她要以助唱嘉宾身份出席公司另一位艺人在广州的演唱会。

在《伤不起》走红后，她已习惯了这样的年终日程，极少有时间待在家里过年，前年春节她在大西洋巡演，去年在菲律宾，今年则要去澳洲。一个让她欣慰的现象是，国外的观众很少会戴着有色眼镜去评判她的歌曲，更多时候，他们关心曲调的风格是否为自己喜欢。

回过头去重新审视自己的神曲作品，王麟觉得"还不错"，虽然无法满足内心里真正想要的音乐水平，但在有限条件下，她认可自己的努力，也承认这些歌带给自己的名利。直到现在，她依然是公司最赚钱的女艺人，每个月平均都有十来场商演，而每场的出场费在20万左右。

有人评论她的作品是"口水歌，快餐化制作"，王麟并不认同，"如果真有那么容易，谁都能制作神曲呢！"一个支撑王麟说法最有力的数据是，中国市场上一年新产100多万首歌曲，但能称之为神曲的只有一两首。

《伤不起》词曲作者老猫告诉《博客天下》记者，就这一首歌他从谱曲到作词反复改了一年多，为了尽量把歌词简化，他将原来的"伤不起，心都掏给你"改成了"伤不起，真的伤不起"，整首歌中，"伤不起"前后出现了14次。老猫坦承，神曲的写作要遵循强制记忆法，让对方在第一时间记住你，像《伤不起》，听完的人最后也只记住了"伤不起"三个字。

平日里，因为工作需要，王麟也常接触同行的一些人，也会经常试听最流行的网络歌曲。但她不太愿意对其他神曲做出评判，"都是一个圈，只是风格不同，也不好说"。唯一提及的一首歌曲是《小苹果》，第一次听到这首歌的时候她在美国，当看到身边华人圈甚至非华人圈都开始传唱这首歌的时候，"我觉得是开心的心情，甚至自豪"。

随着越来越多音乐人对于神曲风格的研究和追捧，王麟觉得这个行业一定会越来越好，她唯一要面对的是激烈的市场竞争，而非跟大部分人那样对神曲市场的质疑。"这一块市场，总有人会站出来，上了贼船，就做一只萌萌哒的贼"，在知乎上，王麟这样回答她在神曲路上的发展。

与很多人急切要寻找自己精准的市场定位不同，王麟从不给自己定位，她希望将来可以尝试各种风格的歌曲，"唱更多大众人群喜欢的歌"，她也期待扩大的歌迷群里会有社会的精英分子，因为"这是对我歌曲在某一个领域上面的认同"，尽管"有点贪心"。

近期她正在做歌曲众筹，打算做一首自己喜欢的歌，可能是摇滚，也可能是民谣，这被她看做是个人喜好的延伸，不想过多考虑市场的反馈。31岁的王麟希望通过这样的方式，在商业价值和自我需求之间，获得一种平衡。

至于她的商业野心，这位女歌手曾在知乎上这样调侃："今后无论在哪个城市都有我的歌声，我就是要一路杀过三线城镇的人民广场、吹洗剪理发店、'样样一元'的两元店，然后攻占下整个华人音乐版图。"

　　2014年12月20日，韩国首尔，Psy鸟叔All Night Stand 2014演唱会。

（2015.1.15）

神曲就像风，这一阵走了，那一阵又来

曾创作出《老鼠爱大米》的杨臣刚，用10年时间曲折而又深刻理解神曲与命运之间的关系。

本刊记者/杨林　图/尹夕远

如今杨臣刚时常和商业巨头们比肩而坐，聊他参与的商业项目。

现在，杨臣刚拒绝被人贴上神曲歌手的标签。他向《博客天下》强调："我从未想过靠这首神曲成名，我当初的梦想是想像黄家驹那样，靠一首励志的歌曲被人记住。"

距杨臣刚创作出歌曲《老鼠爱大米》已经过去10年，其间他也不断陷入到一种尴尬的境地：他从未希望通过神曲成名，但又不得不拼命创作和演唱神曲来维持热度。10年间，他的命运和他的神曲紧紧捆绑在一起，然而在他的神曲被时代抛弃后，他也不得不学会去面对一种哑暗的名声降落和命运转折。

已经36岁的杨臣刚开始有了中年人的双下巴，身材也变得发福。也许是出于对他形象的不自信，他的经纪人在采访前就不断提醒记者，"如果要给杨臣刚拍照，必须要做造型"。

面对《博客天下》记者，杨臣刚重新给他的成名曲《老鼠爱大米》打分，在演唱质量上只能打70分，"但作为我事业和人生的一个里程碑，我觉得不管我喜不喜欢这首歌，它都是一首成功的曲子"。

2004年，这位来自湖北的歌手凭借《老鼠爱大米》一曲成名，并创造了一个让当下流行乐坛巨星都难以企及的成绩：《老鼠爱大米》的正版唱片销量高达150万张，这首歌曾在全世界各地被翻唱，拥有英文、日文、韩文等十余种不同语言的版本。也正是凭借这首神曲，杨臣刚连续参加了2005年、2006年两届春晚。

时至今日，他还能快速背出一连串令他骄傲的数字来证明当时这首歌的火爆程度：当年《老鼠爱大米》的单曲彩铃月下载量高达600万次，是该项吉尼斯世界纪录的保持者，这首歌还为公司创造收益高达1.7亿元，被称为"史上最赚钱的歌曲"。杨臣刚承认，当时的他通过《老鼠爱大米》赚了不少钱，轻易地在北京买了房子。

此后，杨臣刚以每年至少一张专辑的速度来维持网络名歌手的热度。其间，他创作了很多网络歌曲，比如《妹儿爱我》《我是你老公》《老公PK老婆》等一系列专辑。

但这些他创作的歌曲都基本带有此前《老鼠爱大米》的痕迹，比如歌词总是充斥着"老公、老婆""金钱"和直白情爱的词汇，销量却远远不如他的成名曲。每当新专辑不卖座时，杨臣刚总会情绪低落地认为，自己将永远靠消费那首成名曲的剩余价值来维持热度。

当时的杨臣刚陷入到一种痛苦的创作状态，他回忆，"一通宵一通宵地写歌词，只要有商演就要争着去，每天只要一睁开眼睛就怕自己不再有名"。

为了不让知名度滑落，杨臣刚被公司安排了从不间断的商业项目，甚至还"服从要求"出了一本书，拍了一部电影和一部连续剧，而这3个作品的名字都叫《老鼠爱大米》，内容都是剧情俗套的小清新爱情故事。公司安排的这些活动都不在他的兴趣范围内，影响力也微乎其微。

恶性循环也随之而来，他创作的歌曲质量越来越差，随之而来的是不断锐减的唱片销量，到了2007年后，他所有专辑的销量加起来都不及《老鼠爱大米》的十分之一。同时，他也对唱这首成名曲失去了热情，因为"唱烂了，唱烦了，我杨臣刚给人印象是这辈子只能唱这么一首歌了"。他回忆，过去10年里，他至少唱了上万遍这首曲子。

他也曾试图摆脱神曲歌手的标签，他喜欢黄家驹和摇滚乐，甚至当着记者的面唱起了黄家驹的《海阔天空》。但市场并不接受他的转型。每次他登台演出时，都会被主办方要求唱《老鼠爱大米》，热爱摇滚的他也曾试图说服活动主办方让自己唱摇滚版，大多数情况下都会被拒绝。而且他发现，一旦他唱自己喜欢的歌曲，得到的现场反应都远不如唱《老鼠爱大米》那么热烈。

杨臣刚说："那个时候，我和公司争吵得很凶，他们整天警告我，杨臣刚，你不许再在外面说你不是网络歌手，你就老老实实唱你的网络歌曲。"

这种激烈对抗一直持续到2009年，"想通了"的杨臣刚和公司解约，独立出来创办了自己的文化传媒公司。

如今开公司的杨臣刚最喜欢聊的话题不是网络歌曲，最喜欢提及的人名也不是他熟悉的音乐圈内人，而是马云、王健林和马化腾等商业大佬。在他的描述中，最近两年，他时常和这些商业巨头比肩而坐，聊互联网的发展和商业上的经营，并及时有效地得到对方的各种建议。不过他承认，这些商业大佬也是当年他唱网络神曲成名时积累下的人脉。

现在的他已经能够坦然接受神曲不火带来的名声降落。"因为我现在没有再出新歌了，所以我应该是不火了的，现实是残酷的，你没有让大家见到你，大家就会慢慢忘记你，这是很简单的道理。"

少了名望的包袱，他希望自己能更自由地创作轻摇滚甚至重金属的曲子，来完成年轻时没有完成的梦想。他把自己演唱过的通俗歌曲都改编了摇滚版，如果朋友想听，他会在办公室里对着他们一遍又一遍地吟唱。有的时候，他也随心所欲地会写一些公益或者感慨岁月流逝的慢歌，甚至还创作了一首和八荣八耻有关的歌曲。

他向《博客天下》强调，自己正在做的事情是要进行一场音乐革命，做文化圈的马云，这位昔日神曲歌手试图通过在网上开发和音乐有关的周边产品，来重新获得成功。最近的他还在开发一款卖演唱会周边产品的APP。

作为第一代网络歌手、创作出无数神曲的他偶尔也会对这个神曲辈出的时代感到不适和困惑。最近他听到的一首神曲是歌手庞麦郎的《我的滑板鞋》，听完后他的第一个反应是："惊呆了，这种唱功和歌曲的内容也能赚钱。"

在杨臣刚看来，网络歌曲沦为神曲是因为它们内容的低俗和功利性，"为了迎合大众，网络歌手们什么内容的东西都敢往里面写，又不讲究唱功，只要炒作一些就会火，然后又迅速被更雷人的神曲替代"。他把这种现象认为是一种音乐上的倒退并宣称，自己不会这么做。过往两年，杨臣刚并没有再出专辑，也鲜有新歌上市。

私下里，杨臣刚也会和慕容晓晓、徐誉滕等其他靠着网络歌曲走红的歌手们聊天。讨论到网络歌手究竟走向何方的问题时，这些第一代网络歌手总是感叹，"当初那些鄙视我们的传统唱片歌手，现在都把我们试图丢下的神曲歌手的标签重新捡起来，这对于音乐来说，到底是不是一件好事？"

杨臣刚的经纪人陈铭觉得，理想总是要臣服于现实。"之前刚哥也说不想写流行音乐了，但是之后做出来的歌烧了很多钱也卖不出去，赔了钱之后也许只能继续写流行歌曲。"她希望社会能够多关注这些有理想但是不被理解的网络歌手。

陈铭告诉《博客天下》，因为互联网歌曲的发展，实体专辑已经很难再盈利。"网络神曲层出不穷，但是都是火过一段时间就过气了，现在网络歌手的生存环境越来越差，如果不做网络神曲就没法卖钱。"

在创作出《老鼠爱大米》这首神曲的第十年，歌手杨臣刚开始重新审视神曲给命运带来的改变，他说："层出不穷的神曲就像风，这一阵走了那一阵又来，总归是没多少人会在意的吧。"

（2015.1.15）

第三
章

网红时代，追古风

经过近10年的自娱自乐，古风音乐已走出自己的圈子，成为几百万人的大游戏。越来越多的创业者加入古风音乐这个领域，原本粗糙的音乐制作也变得越来越精致。近两三年，古风歌手的专辑出品越来越快、现场演出也愈加频繁。"商业化"带来的不仅是圈内人的论争，还有关于流行音乐生态的思考。

做下一个 TFboys，还是做第一个双笙

这个16岁的女孩站在了风口，她需要在真正的生命力和互联网快速迭代间艰难抉择。

文/杨林　编辑/王波　图/周强

对于大多数粉丝而言，双笙依旧具有神秘感。

双笙在录音棚里录制新歌。

32岁的陈杰一度对一笔百万级别的投资犹豫不决。对方是重庆一家文化基金，看重的是陈杰的文化传媒公司签约的16岁女歌手双笙。

双笙是公司旗下唯一的艺人，用了不到一年的时间，她就在互联网上积累下了近100万粉丝。日本知名网站niconico是中国Bilibili站的原型，双笙在上面发布的《采茶纪》《月出》等四首古风歌曲，不到两周时间里被点击了25000多次，平均每天有2000个日本网友在niconico上面听双笙唱歌。

日本年轻人形容她是"最具大唐感的中国女声"，"听完之后前所未有地想学汉语"。

今年5月21日的日榜歌单中，双笙演唱的原创歌曲《月出》成了唯一上榜的中文歌。她的声音甚至被拿来和初音作比较。初音是日本知名虚拟歌手，在喜欢二次元的年轻人群中有着不可撼动的地位。

不过在陈杰的公司方圆3公里内，最出名的人是两个高中生，17岁的王俊凯和16岁的王源，他们都是中国目前最受欢迎的少年偶像组合TFboys成员。

公司楼下的奶茶店每天至少播放3遍TFboys组合的成名作《青春修炼手册》，而在楼上，投资人希望以TFboys成名的案例说服陈杰接受他的投资。

作为专门发展古风音乐的公司，陈杰和他的团队正在打造的，是一个充满可能性的少女偶像。古风歌手双笙在这两个中年男人的嘴里被赋予了一种可能性：下一个重庆的TFboys。

这很像一个巨大的赌局，开赌前，已经有热钱把古风音乐推向了可能到来的风口。2014年年底，国内著名古风音乐制作公司米漫传媒获得创新工场1000万元人民币天使投资。2016年5月，米漫传媒再次融资6300万元人民币。

在他们眼中，少女双笙有着和年龄不匹配的经历和价值，因而围绕着她，可能编织成一个只在这几年才出现的商业机会。而陈杰要做的，只是将这个姑娘推向风口。

▥ 一鸣惊人

双笙在5月刚刚过完16岁生日，当天零点一到，大约一万名粉丝在几个QQ群里刷屏。太多的生日祝福把她的手机直接从寝室上铺的床板上振动到地上。

当时，高二学生双笙正在成都一所艺术学校集训，为一年后的艺考做准备。

这是她第二次来成都，此前她一直生活在重庆开县。开县是刘伯承的故乡，距重庆市区280公里，近6个小时车程，算是重庆最偏远的郊县之一。

双笙的老板陈杰也在开县长大。在他的描述里，开县并不富有，十几年前三峡水库蓄水前，到处都是历史古老的青石板路和黄葛树，街上走的是人力黄包车，农村和县城的区别并不明显。直到2000年，县里才有第一家咖啡厅，卖速溶咖啡和炒菜盖饭，同时也有了第一家网吧，有6台老式机子。"我们之前听说过电脑这东西，但是大多数人都没有用过"，陈杰在高二才第一次触网，面对电脑不知道怎么开机。

也是在那一年，双笙出生在一个小康家庭。从记事起，家里就有电脑，和很多00后的孩子一样，她从小学就开始使用父母淘汰下来的手机，平日主要通过互联网了解外面的世界。这个小县姑娘因为不习惯住在外面，有点排斥和父母外出旅行。

她喜欢用课外读物填充自己对过往世界的想象，从小喜欢读唐诗宋词，小学阶段读完四大名著，喜欢李白，不怎么喜欢杜甫，"太愤世嫉俗了，不像李白那样洒脱，也没有那种浪荡江湖的感觉"。

虽然不喜欢读《三国演义》，但如果有机会穿越回古代，刚满16岁的小女孩最想回到三国时代。这缘于她对江湖的理解，"江湖里更多的是行侠仗义、浪迹天涯，以及各个宗派和国家之间的杀伐决断"。

最近，她在读一本江湖小说。小说里，主人公分别是几个古代不同宗派的帮主，有人劫富济贫，也有人做尽恶事。"你读完会发现，里面没有绝对的好人，最坏的那个人心里也会有柔软的那一面。"

从小有此阅读偏好的双笙上网搜侠义小说周边的时候，偶然接触到古风音乐，而一起读小说的朋友也经常会给她推荐一些好听的古风音乐。

起初，双笙只是喜欢古风音乐优美的旋律和独特的意境，偶尔会给朋友翻唱由古风组合"墨明棋妙"或"银临"创作的古风歌曲。"唱得特别好听。"朋友总这样评价。

这种喜欢古风的最初阶段被称为"入圈"。"双笙"也是她小学毕业那年给自己取的圈名。她曾在"双笙"和"霜笙"两个名字之间犹豫很久，最终认定前者那两个字的结构看起来更美。和很多刚进入青春期的女生一样，她希望，这个好听的具有梦幻色彩的名字能够代表自己，尽管它可能并没有什么实际的意义。

初二时，双笙开始用社交软件直播唱古风音乐，也随着伴奏录过几首中国风的小情诗。虽然觉得好玩，但她最终放弃了那款软件，"因为上面刷花（粉丝给喜欢的演唱者送花，可以变现）太夸张，太假。"

此后几个月，双笙逐渐发现了自己独特的嗓音，一种略带沙哑的女声，"和别的女孩不一样，有点像少年的声音"。有人形容其"又沧桑又稚嫩"。这缘于她变声时期用嗓过度。"对待调皮的男生们一直用喊的，天天喊，就把嗓子喊哑了。"从初中起就一直担任班长的双笙回忆。

母亲谭宇一直希望女儿学播音主持，以后回老家当播音员，为此还把她送到县广电局上了一段时间培训课，但双笙有自己的想法，更希望成为歌手。

过去，一个像她一样的普通女孩想要实现这一愿望，要依赖复杂的路径运作、非常好的运气和其他外部资源。但互联网已经让旧的游戏规则失效。2015年4月，双笙在一款音乐APP上发布了自己翻唱的古风音乐《故梦》，两天后被编辑置顶。

接下来的事情，超出了当时还差半个月才满15岁的少女的想象。

她刚刚在广电局结束下午的播音主持培训课程，一边往家走一边掏出手机。她首先看到的是3000多的点击量，以及"多得根本数不过来的弹幕和留言"，几分钟后，点击量已经跳到了5000多，然后是7000多，还没等走到家，点击数已经过万。

女孩用"梦幻"和"惶恐"来表达当时的心境，想不通为什么会有那么多人同时听这首歌，"好像有一瞬间，来自全国各地的人都出现在了你的面前，和你打着招呼。如果能有一个画面，这将是一幅怎么样的场景"。

网友的留言不断敲击少女的心，一条弹幕上写着"简直是天籁……"当晚，她一条弹幕还没有看完，另一条"世界上居然会有这样好听的声音"就紧跟着飞快地刷了过去。

那一天余下的时间里，她一直忙着在手机上回复网友的留言，"手指都累断掉了"。"之前看到有些大大很少回复粉丝，让人觉得心寒，我不想那样，所以就一条一条地回复。"她称圈里知名的古风音乐人为"大大"，她不想辜负留言框里不断刷新的文字。一开始，她会针对具体的问题给出大段的解释性答复，但到了午夜，她发现就算是只回复一句"谢谢，么么哒"，也远远跟不上留言的速度。这种重复性的体力劳动一直持续到第二天凌晨两三点，她累得倒在床上。

特立独行

直到今天，双笙也没有明白那首翻唱的《故梦》究竟为什么会触动大家，"做得糙死了，后期也没剪，呼吸声还有咽口水声特别大，有的地方甚至还唱断气了"。但互联网就是这样任性地展示它的威力，忽视传统路径，无法完全总结。

她的粉丝、成都的大一男生July告诉《博客天下》："第一次听到的时候，虽然这女孩喘气声很大，声音也有点紧张，但听起来只觉得好可爱啊，单曲循环那首歌，一边听一边感觉整颗心都安静下来了。"

随着粉丝和留言数量而骤增的，还有"双笙"这两个字所带来的知名度和影响力。《故梦》上传后的一个多星期，好朋友告诉她，在她的一个QQ群里，有人在推荐双笙的歌。还有一次，她在学校小卖部门口被一个女孩拦住，对方说，关注她很久了，但一直不敢过来说话。双笙第一次意识到，自己可能火了。

很多人通过她的名字搜到了她的微博ID"双笙子"，紧接着而来的是每天上千条的留言和私信。起初她还尽可能多地回复，到了后来，她发现连看都看不过来了。

母亲谭宇也慢慢察觉到女儿的不一样。此前她特别喜欢梁静茹的歌，但现在她只听古风歌曲，尤其是女儿唱的。

喜欢唱歌的谭宇还会经常给双笙的新歌提建议，"你的哑嗓子唱高音难听死了，不要唱高音！"同时，她也不再坚持要求女儿学播音主持。双笙发歌一周年，她将女儿送到成都的艺术集训学校，为通俗演唱专业的艺术高考做准备。

艺术学校辅导双笙的培训老师也意识到了双笙的不同。入学测试时，专业老师江鹏发现，双笙在通俗演唱方面比其他同学都要高出一截，"虽然现在演唱还没有那么专业，但是她的声音很有辨识度，发展空间很大"。

江鹏说，艺术学校里的大多数同学更喜欢唱韩国偶像的流行歌曲，或者是模仿国内选秀、真人秀节目的歌手，"那些节目中流行什么，他们就唱什么"。

这些都让喜欢古风音乐的双笙在同龄人中显得特立独行。

当然，这位在各种音乐APP和社交平台上拥有百万粉丝的女孩，也和其他青春期小女孩类似，偶像是李易峰，热衷讨论EXO组合的八卦，或者韩星Bigbang什么时候来川渝开演唱会。

最近，她成功说服了母亲允许自己烫卷发，原因是艺术学校的同学们打扮得都很洋气，母亲允许她"只能把发梢部分稍微弄弯一点"。当她希望像某个漫画中的人物那样拥有一头漂亮白发时，被母亲严词拒绝。双笙很羡慕同班一起学音乐的中韩练习生，"她的头发好长，前段时间她把头发挑染成了粉色，我特别喜欢"。这个女生是双笙的粉丝，经常缠着她唱古风音乐。

双笙并不适应成名后的身份转换。在她的经纪人肖福霖看来，双笙依旧腼腆和谦虚，"有点排斥推广自己"。双笙的歌上了古风音乐周榜时，肖福霖劝她在微博上转发那条榜单的内容，小女孩她觉得不好意思那么做，"怎么可以自己夸自己"。

对于那些双笙喜欢的古风圈"大大"，公司也劝她偶尔有些互动，双笙嘴上答应，转过身却还是保持着默默围观的方式。

在肖福霖眼里，双笙非常细心，害怕做错任何一个细节。团队在发歌时曾不小心用错一张图，双笙给肖福霖打电话，特别生气地说，"你怎么可以这样呢？"

有时候，双笙会过于纠结粉丝对自己的评价和看法。曾经有粉丝在双笙微博上留言，说自己更喜欢她唱抒情类的古风歌曲，另一个粉丝则希望她多唱活泼的音乐。两条留言让双笙纠结了整整一下午，她不断地重复性地问肖福霖，"他们是不是不喜欢我唱的歌呢，你说我到底要唱什么呢？"肖福霖回答，"你不可能让每个人都喜欢你，做自己就好了"。

但互联网不理睬少女的心事，它沿着自己形成的方式推着她往前走。最近，双笙的粉丝热衷翻墙去日本niconico网站为双笙刷播放量。为了避免其他群员看不懂日文，每个粉丝QQ群里都有懂日语的粉丝自发将niconico上日本网友关于双笙的评论翻译出来。

⫿ 粉丝帝国

陈杰观察过双笙粉丝群体的IP地址，"各个省份都有，分布得特别均匀"。

粉丝刘莹和身边的很多"花生米（双笙粉丝的昵称）"是听到双笙翻唱《故梦》后"入坑"的，他们中的绝大部分会为了双笙在某个APP上传了新歌，而专门去下载这款APP。

July（朱莉）因为喜欢汉服文化而开始关注古风音乐，进而成为双笙的粉丝。在他看来，很多粉丝喜欢古风音乐跟喜欢汉服一样，"都不是实用的东西，但对于从小在互联网浪潮和高新科技快速更迭中成长起来的我们，除此之外实在没有什么载体能够让我们去怀念和恋旧。"

July觉得，喜欢古风音乐的年轻人的共同特点是将自己所缺失的一些人性中美好的东西、一些很好的意向，加载到一个他们所认为的可能存在的时空里面。

粉丝们还自发组成了双笙粉丝后援团和应援群。前者只要是粉丝都可以加入，相当于一个官方的粉丝社交平台，后者的成员则分工明确，负责帮双笙画一些宣传海报和插图，做一些古风音乐的简单后期，同时承担一部分宣传任务。

24岁的女大学生温莨是双笙歌曲制作团队的核心成员。2015年夏天，双笙发微博寻找能帮她做古风音乐歌词的人。从小就喜欢古典文学的温莨看到后，在没有主题和曲调的情况下，坐在学校图书馆里花了三天半时间做出了一首古风歌词。

词仿照的是宋代女词人李清照《行香子》里所表达的意境，最初的灵感来自里面的"霎儿晴，霎儿雨"6个字。"想象一个女词人坐在自己家的庭院里，然后云是怎么被风吹散的，月光是怎么穿过树林照过来的，心里慢慢有一个画面感，然后重新构造了天气的变化和周围环境的各种场景。"在黑龙江读会计专业的温莨说。

新做出来的歌词被温莨同样命名为《行香子》，修改几遍后，她将词私信给了双笙。"她很快给我回复，说很喜欢，起初以为她只是客气一下，没想到最后真的采用了。"

《行香子》也是双笙第一次尝试作曲。拿到温莨的《行香子》后，她读了几遍，发现自己脑海里开始有了一个模模糊糊的旋律，试着把它哼了出来，并反复修正，"最后完整地哼完，我觉得很好听"。她将这种灵感归结为多年来，自己对古风音乐的反复聆听和大量接触。

后期编曲团队将曲子和词融合在一起，制作出双笙的第一首原创古风音乐。

此后，双笙和温莨多次合作，一直延续至今。双笙原创歌曲中播放量最高，最受粉丝好评的歌几乎全部出自温莨的手笔，后者也成了双笙粉丝眼中名副其实的"大大"。

在相处中，温莨慢慢发现双笙的有趣，"她似乎并不太关注自己的成名"。有一次学校广播里放了一首双笙唱的歌，温莨打开寝室的窗户，用手机视频录下后，在QQ上传给双笙。对方没有表示谢意，只是"连说了三个'哇'，'你们那里天气好好啊'"。

在温莨眼里，她现在和双笙之间的合作更多的是一种默契。"她甚至不需要给我一个具体的文案，只需要说她想要一个活泼点的故事，或者温婉的纯古风，说几个她想要的关键词，我就知道她想表达的那种意境。"

温莨最初是被双笙翻唱的《故梦》所吸引，由粉丝变成了同路人。但百万粉丝给少女双笙带来的不只有甜蜜。

很多人千方百计想要更深入了解双笙。一位粉丝告透露，之前群里有人知道了双笙所在的学校，花钱雇学校的学生偷拍双笙的照片。甚至还有人专程从上海到开县去"朝圣"，之后在微博上晒出了机票票根，以及十几张在开县街头拍摄的照片。

网上关于双笙或真或假的各种信息越来越多，百度图片搜索她的名字，一个短发漂亮女孩的照片曾被很多粉丝认为是双笙本人，结果证明那是个乌龙。

一位粉丝群管理员告诉《博客天下》，他们会尊重双笙的个人隐私和意愿，如果群里有人擅自发布双笙的个人信息，"首先是警告，如果对方继续这样做，我们会考虑把他请出群"。

以双笙真名注册的百度贴吧里，之前的200多篇讨论双笙真实信息的帖子已经被管理员删得一篇不剩，标题为"爱她就请给她隐私"的帖子被长期置顶，并成为整个贴吧里唯一的存在。

在粉丝群体不断膨胀逼近100万的过程中，陈杰发现粉丝的力量正在不断扩大。今年五一，央视一档节目在没获授权的情况下用了双笙的原创歌曲《采茶纪》作背景音乐，数百名粉丝在央视的微博下集体留言，要求央视道歉。

粉丝数量的膨胀带来的不仅是双笙的影响力，一个更加庞大的市场图景在双笙和投资双笙的陈杰面前慢慢打开。

一件非常值得玩味的事情是，越来越互联网化的年轻人，开始在手机里追求古老而典雅的唐宋美。古风歌曲的流行，被看做更年轻一代表达个性、反向追求的显著结果。双笙则无意间成为这种流行里的标签。

这给她带来了机会。陈杰介绍，双笙现在的收入来自她注册的音乐平台APP分成，但他不愿意透露与音乐平台具体的收入分成比例。双笙的粉丝大多数是高中生甚至是初中生，没有固定的经济来源，他们会为了花钱购买APP会员而省去几天的中午饭。

刘莹和July都承认，他们与其他偶像明星的养成系粉丝相比，还有很大的差别。"虽然对双笙真实的生活好奇，但是我们并没有那么关注她的成长环境或者外在长相，我们愿意毫无保留地支持她的作品，并不指望她每天和我们有深度互动，或者刷脸卖萌。"

刘莹解释，养成系的粉丝群体希望自己能够陪伴偶像的整个成长经历，渴望时时刻刻地了解到偶像的最新动态，并期望线下的接触，"双笙对我们的意义则不一样，就算是她一直捂住自己不曝光，我们依旧会催她发歌，然后购买她的专辑、单曲和周边"。

⦀ 坚守初心

很多知名综艺和选秀节目也找到双笙，湖南卫视一档真人秀节目最近联系谭宇，希望双笙能够作为嘉宾参与录制。

谭宇有些犹豫，询问陈杰。得到的建议是，现阶段的双笙不宜过多参加商业活动，"应该把时间和精力放在制作新歌和准备高考上"。

今年早些时候，有两档最近几年在国内异常火爆的音乐类真人秀栏目制作人联系陈杰和谭宇，其中一档节目先后有四个不同的导演组邀请双笙录制节目。

陈杰看出了双笙的纠结和犹豫，毕竟一旦上了节目就意味着更多的曝光和知名度，同时，同龄人中的耳熟能详，以及足够的话题炒作，让那两档节目对这个刚满16岁的女孩有着极大的诱惑力。

陈杰从重庆主城区赶到开县请双笙吃晚餐。"你的风格其实是个安静唱歌的女孩子，耀眼的闪光灯和绚丽的舞台真的是你特别渴望的吗？你难道不是喜欢唱歌，所以才唱歌，你的受众是13亿中国人，而不是某个电视台，今天这个台邀请你，明天可能又是另一个台，那么多的电视节目如果你都搭上去，你还有时间安安静静地唱你喜欢的歌吗？"晚餐后，陈杰这样告诉双笙。

双笙没有直接表态，但第二天，她告诉母亲，不去参加那些选秀节目了。

目前为止，除了双笙自己喜欢的漫展和Cosplay等二次元圈的活动，陈杰更多地让她和大型的音乐制作公司或游戏公司合作。双笙应邀演唱了网游《龙之谷》的主题曲，最近正在录制的新歌是网游《倩女幽魂2》的主题音乐，那是古风音乐圈的"大大"银临介绍过来的合作。

银临在网上听过双笙唱的歌，觉得"这个妹子唱得很好听"。之后，她把《倩女幽魂2》的音乐制作团队介绍给双笙。

"她们从小开始接触互联网，并随着移动端的逐渐普及，独立利用APP音乐软件在半天或者一天之内完成音乐编程制作并发布，对她们来说并不是难事。"在总结互联网给00后少女带来的命运改变时，陈杰说，"熟悉95后甚至00后年轻人的音乐口味和习惯，形成了她们表达自己的独特社交方式。"

他并不担心双笙未来的盈利能力。自信缘于他对古风音乐市场的了解和把握，他们团队曾对双笙的粉丝做过大数据分析，"受众以90后和00后为主，并且后者的数量已经有超过前者的趋势"。陈杰相信，随着这群粉丝群体的长大并开始有消费能力，古风音乐的变现能力也会有所展现。

"现在电影、漫画、手游等二次元的领域已经在往这个方向发展了，90后和00后的年轻群体从小接触二次元文化，没有陌生感，古风音乐作为二次元中的重要一部分，首先是产业足够大，其次是受众足够多。"

"古风的受众主要是女中学生，这个年纪的女生一方面爱幻想、容易标签化自己，也同时对于优美的旋律和文言文的歌词产生好感。很多文化类产品基本都以这个人群为目标受众群体，比如郭敬明和韩流。"古风音乐圈最著名的投资人陈悦天曾在专栏中这样写道。

在陈杰眼里，"古风"这个看起来比"摇滚""民谣"还要小众的音乐门类，在新一代互联网网民的加持下已呈现"进击"状态。

5月24日下午，双笙正在位于成都市中心的一间录音棚录制新歌。录歌间隙，陈杰一个人走出录音棚，决定拒绝此前希望投资双笙项目的邀约。"双笙暂时不需要钱，也不需要什么风口，作为歌手，她需要的是更加认真和脚踏实地的生产更好的歌曲。"他说，"这次我all in（累坏）了。"

双笙的老板陈杰认定她是下一个重庆的TFboys。

（2016.6.3）

他们把古风音乐推上商业快车

"想把产业做大，就需要公司化运营。"米漫传媒CEO桂震宇
说，有钱有资源才能把事情做大。

文/梁君艳　编辑/方奕晗

在中央音乐学院读书时，桂震宇常常喜欢玩些稀奇古怪的东西，
比如和窦唯一起，用古琴弹奏摇滚。

万亚捷的MP3里，曾经装满了冷门的饶舌歌曲。2005年，万亚捷还在读大学，那一阵他性格叛逆，钟爱一切"非主流"。一次偶然的机会，混进MP3的一首新歌突然让他静了下来。"无论旋律还是歌词，都很优雅。虽然唱功一般，但唱的东西很有意思。"11年后，当上米漫传媒COO的万亚捷对《博客天下》回忆。

那首叫《盛唐夜唱》的歌，歌词是用文言文写的，曲调婉转，伴有悠扬的乐器声。歌手的名字陌生而奇特："EDIQ"。

在风花雪月和世俗生活的音乐主题之外，万亚捷忽然发现了一个新大陆——古风音乐。

▌ 萌芽

喜欢在各种网站灌水的万亚捷，当年无意中闯进了163888网（后改名为分贝网），一首《紫檀香》在他耳朵边响起。他惊讶地发现，这首歌和《盛唐夜唱》竟有"异曲同工之妙"。

万亚捷很快注册了一个ID：为了狮子头。"那会儿没想过要商业化，否则我会起这么不易辨识的网名吗？"万亚捷说，当时他是带着自娱自乐的心态入圈的。

吸引古风音乐爱好者驻扎的163888网，不仅能免费存储和下载各种音乐，还能支持歌迷和音乐创作者玩在一起。

玩着玩着，万亚捷发现，写出《紫檀香》的"千仙草"和演唱《盛唐夜唱》的"EDIQ"都是163888的用户，自己竟然可以在网站上和他们吹水聊天。

这种"追星"的感觉很奇妙。几个古风音乐玩家相识后，很快创建了音乐社团"墨明棋妙"。当万亚捷加入这个组织时，社团成员只有几人。

5年之后，桂震宇加入这个社团。这位米漫传媒的CEO，那时的身份还是中央音乐学院古琴专业的学生。他常常喜欢玩些稀奇古怪的东西，比如和窦唯一起，用古琴弹奏摇滚。

古典元素和流行元素，就这样发生了碰撞。2012年，桂震宇自学了一段时间的编曲后，开始改编电视剧《仙剑奇侠传》中的配乐《蝶恋》。他将二胡、琵琶、古筝、笛子、箫等十种乐声编进了《蝶恋》的曲调里。这个过程持续了1个月，桂震宇几乎每天都会改一个版本，直到"快吐了"，他才终于放过了自己，把编好的新曲上传到5sing网。

2010年分贝网关闭后，5sing网成了古风玩家的新阵地。5sing市场总监周士淇记得，2004年成立的5sing网，最初只有原创、翻唱和伴奏板块，古风圈是后来才发展起来的一个垂直圈子。"玩的人多了，玩出名气了，也就形成了气候。"

在小旭音乐CEO卢小旭看来，很多古风音乐都脱胎于游戏的配乐。"中国的武侠仙侠游戏大约占了整个游戏市场的七成。"卢小旭告诉《博客天下》，他的公司成立于2006年，是专业的游戏音乐内容制作公司。一开始卢小旭只是闷头接单，不停地给游戏公司制作歌曲。2011年之后，他发现自家制作的一些游戏音乐，开始频繁地被古风音乐人拿出来填词、翻唱。

"我当时觉得他们只是小打小闹，用就用了。"那个时候，卢小旭并不看好古风音乐市场的商业潜力。他总结早期的古风音乐圈有三大特点："歌手都是从民间社团出来的，很多人都有自己的工作；大部分人不在北京；多以翻唱为主，原创制作能力有限。"

⫶ 土壤

相比于最早一批古风音乐制作人，"粉丝"的入圈时间显然更晚一些。这些"粉丝"多是90后、95后，有些是被歌曲本身吸引，有些则是先看了小说、广播剧等，继而迷上了古风音乐。

两年前，"莫栩清晏"在网吧玩网络游戏时，偶然听到弹窗广告放出的一首《醉梦仙霖》，顿时迷恋上了那股"仙侠气"。这个23岁的男生一直反感听中文流行歌，因为"无非就是情情爱爱"。发现古风音乐前的很长一段时间里，他通常只听英文、日文歌曲。

"QQ是吃货"是看了"九鹭非香"写的网络小说《倾世》才入圈的。故事讲述的是一段痴恋，男主角对女主角念念不忘，但两人因为身份限制不能在一起。"QQ是吃货"发现，这部小说脱胎于古风歌手"小曲儿"的《上邪》，"九鹭非香"把歌词里描绘的故事进行了改编。

今年20岁的"天命泠鸢"，入圈时间比绝大多数同龄人都要早。7年前，还在上初二的她，最先听到的是"音频怪物"演唱的《百鬼夜行》。这首古风歌曲描绘的是一个前世被欺凌的女子化身成鬼的故事。"歌曲原来还可以做成小电影，音乐里竟然有念白、有故事。""天命泠鸢"向《博客天下》描述着当初的惊喜。

"天命泠鸢"觉得，古风歌曲有着与生俱来的令人感伤的魅力，"能触碰到人的心灵，每一句歌词都是一个故事"。听《百鬼夜行》那会儿，她对那个忧伤的女鬼充满同情，也喜欢"音频怪物"唱出的诡异曲风，"温柔的嗓音里带着忧伤，但又不是缠绵悱恻，而是骨子里透出的悲壮和广阔"。

高中文言文考题几乎不失分的"天命泠鸢"一直喜欢古典文学，

书籍《庄子》《诗经》《山海经》《淮南子》都是她的心头好。每每看到优美的词句，她都会记在摘抄本里。爱上古风音乐后，她也会把好听的歌词记下来，留着写作文时引用。

自从迷上古风音乐后，"莫栩清晏"把自己手机的闹钟铃声设置成了《华胥引》。生活中，他偶尔会透出一股古风的调调。比如调侃女生时，他会说："姑娘，如此良辰美景，何不与我共饮一杯？"每每这种时候，身边的人都会觉得这个男生"很二"，但"莫栩清晏"不以为意。在他看来，周围听古风歌曲的人并不多，古风音乐目前仍是小众音乐。

"莫栩清晏"和"天命泠鸢"这群人经常会在QQ群、YY频道互相推荐喜爱的古风歌曲。他们加了很多古风歌手做好友，有时还会邀请歌手和"粉丝"一起创作新歌。

纵观整个乐坛，古风圈的歌手和"粉丝"可能是走得最近的。不忙的周末，一群"粉丝"便会聚在YY频道听古风歌会，歌手们除了唱歌之外，还会和"粉丝"聊天、玩游戏。人气旺时，一场歌会的在线人数会过万。

不熟悉这个圈子的人，通常会对古风歌手的粉丝黏性感到吃惊。这些歌手随便发一条吃饭或玩乐的微博，评论数通常都会有好几百。"不同于参加选秀的歌手或大众明星，古风歌手一般都是从生活中出来的，而且是和大家一起玩的小伙伴。""天命泠鸢"解释。

‖ 新生

很久以来，桂震宇和万亚捷一直是在线上玩音乐，他们写歌放在网上，免费和"粉丝"分享。这群生活并不清贫的文艺青年，更看重的是心情舒畅。

"是市场选择了我们。"万亚捷说。2013年之后，二次元逐渐热了起来，资本开始瞄准这个细分市场。由于喜欢古风音乐的多是年轻学生，和二次元市场极为贴合，因此古风音乐也被划为二次元的领域。

变化在悄然发生。2013年开始，一些动漫展商会付费邀请万亚捷他们站台演出。同时，万亚捷发现，进入古风圈的年轻人越来越多。

资本很快扑了过来。2014年年底，创新工场的陈悦天找到桂震宇，要给他投资1000万元。桂震宇起初很诧异，他对风险投资并不信任。"我以为要拉我做个皮包公司。"桂震宇说，一开始他对资本的认知还很粗浅，第一反应就是果断拒绝。

陈悦天没有死心。一个月后，他又找到桂震宇。"你有什么愿望吗？"陈悦天展开攻势。

桂震宇的野心很大，他说，想把古风音乐推向世界。

"做这样的事情，是不是需要钱？"陈悦天慢慢说服了桂震宇。出于对老朋友的信任，桂震宇最终接下这笔投资，没有和对方签订任何对赌协议。

资本看中的是桂震宇和团队聚集起来的古风歌手、"粉丝"群体。在古风音乐这个垂直领域，"墨明棋妙"团队拥有很大的影响力。而且，桂震宇已经有了一些商业化运营的经验。

最早的商业运营始于2012年。在北京麻雀瓦舍，一个破旧的厂房，桂震宇和"墨明棋妙"团队成员组织了第一场线下古风音乐会。全国各地约50位成员提前1周赶来北京操办这场聚会，当时"墨明棋妙"团队发展到将近70人。

桂震宇和伙伴们自己动手搭舞台，做装饰，搬草插花，"整个场景布置得特别草根范儿"。这场音乐会成本差不多是10万元，其中5万元是桂震宇的母亲免费赞助的，剩下的钱则是卖门票筹来的。

一开始，桂震宇心里没底："连我们自己都不知道受众是谁，怎么说服别人来赞助？"他能做的只有绷紧神经，认真检查每一个环节，确保现场表演不要出现失误。

初次面对市场，这群文艺青年一下子蒙了——就连门票究竟要定价多少，他们都完全没有概念。桂震宇提出卖100元，大家说贵了；有人说卖20元，桂震宇觉得太便宜。最后取了个折中价，60元，挂在淘宝上销售。

销售信息刚刚发布出去，桂震宇刷新了一下页面——票一下子就没了。"我们的第一反应是，淘宝页面出bug（漏洞）了。"桂震宇回忆，他们后来才知道，票的的确确很快卖光了。

那场音乐会来了近千人，所有人都是站着看完了整场演出。演出现场比组织者想象的更火爆，"谢幕时，大家都不肯走，喊着再唱，要签名"。

"我一定要把古风音乐带到北京人民大会堂，带到国家大剧院，带到鸟巢，带到维也纳。"当着所有观众的面，桂震宇突然冒出这样一句承诺。

商业化运作是可行的。这时的他，内心蹦出了一个坚定的声音。

出实体专辑，做全国巡演，桂震宇从一个纯粹的音乐人，转身成了商人。2015年，在拿到创新工场的投资后，桂震宇迅速组建了米漫传媒，公司不少人出自"墨明棋妙"团队。"想把这个产业做大，就需要公司化运营。"桂震宇说，有钱有资源才能把事情做大。

今年5月，米漫传媒完成了6300万元的A轮投资。桂震宇加紧步伐，签下了很多古风歌手，并逐步将业务拓展到整个二次元市场——公司不仅出歌曲专辑，办演唱会、音乐会、动漫音乐节，还出音乐剧、音乐小说。他做起了资源整合，入股了12家城市动漫展商。

借由古风歌曲这个阵地，米漫传媒计划向游戏、影视领域进军。市场上早已出现不少这样的玩家。2014年，猫爪网络公司将古风音乐与游戏混搭，选用《锦鲤抄》《提灯照河山》《江山如梦》等一批古风歌曲，推出《大琴师》游戏，在苹果应用商店的下载量达到100多万次，古风音乐创作团队可以从中获得多种形式的回馈。泛古风歌舞偶像组合"萌萌哒天团"，如今正在江苏拍摄《帝都》系列网络电影。这个看起来与日本AKB组合颇为相似的少女天团，坚持本土化培育，仅凭《帝都》一首歌曲，就赢得5亿次的全网播放量。

越来越多的创业者正加入古风音乐这个领域。很早就精耕游戏音乐的卢小旭，也打算重新布局古风音乐业务。他觉得这个市场亟须改变的，是要提高音乐内容的制作质量和歌手的包装水平。

创业者也还在不停摸索盈利方式。卢小旭认为："当有一天能找到可模仿的盈利模式，一堆人就会冲进来。"

米漫传媒一位不愿具名的投资人告诉《博客天下》，古风圈的"粉丝"消费力吸引了资本的注意。一个例证是，在这个消费者不怎么购买实体专辑的年代，古风歌手售卖的专辑，经常能有几万张的销售量。

资本进入米漫传媒后，一个明显的变化是，落地活动的规模越来越大了。2015年5月，米漫传媒在北京人民大会堂举办了一场6000人的古风音乐会，门票售价提高到480元。借助弘扬中国传统文化这个主题，他们顺利地拿到了演出批文。在桂震宇眼里，这更像是一种政治认可。

桂震宇说，中国有5000年的历史，每个朝代都有独特的音乐风格。"让有5000年历史的音乐流行起来，这是我们要做的事情。"他意识到，为了更好地推广古风音乐，必须融合其他东西。"我们需要去拓展市场，和其他领域相结合，以此来吸引'粉丝'。"

作为粉丝，"QQ是吃货"道出了这样一种心理：通过商业运营赚钱，歌手才会将更多的精力集中在创作上。不过，在商业化趋势下如何保持甚至提高作品的质量，就要靠歌手的信念和坚守了。"商业化过程中，需要警惕的是，为了圈钱而出作品。""QQ是吃货"说。

有时候，桂震宇会听到"粉丝"抱怨：你们的初心变了。"初心是好的，我们也希望像以前一样天天写歌，在网上玩。但时代不同了。"桂震宇坦言，"我们不去商业化，别人也会去商业化，比起那些纯商人，我们至少还带着爱。"

"梦想"同样也是万亚捷现在最珍视的东西。他从来不潜藏自己的野心。他欣赏陈道明、方文山、刘欢这样的人，认为这些人都为中国传统文化的推广做出了很大贡献。称呼这些人时，他特地在他们的名字之后加了"先生"两个字。

（2016.6.3）

古风音乐 10 年养成记

近10年的自娱自乐后，古风音乐圈的玩耍体系已经破壁，已是几百万人的大游戏。

文/裘雪琼　编辑/王波

汐音社主唱司夏在"寻得词话亦人间"上演唱《世事长揖》。现实中她是一名大学老师，网络另一重身份是国内ACG领域知名同人歌姬"西国の海妖"。

2016年卷土重来的《超级女声》比赛改了现场海选形式。3个评委坐在演播室里，看着大屏幕上的参赛选手戴着耳麦唱歌。25岁的冥月唱的是《离骚》，气息不稳，情感渲染略显刻意，评委梁欢认出她是古风歌手，多给了一次机会。

放在以前，被古风歌迷称作"银临大大"的银临不大关注这类主流音乐选秀比赛。她所在的古风音乐圈，也不曾被主流视线深入关照。但这并不妨碍这个小众圈子近10年来借助互联网萌芽、发展、壮大。中国原创音乐基地5sing的注册用户数在3300余万，原创艺人20万，每日新增原创歌曲超过2000首。5sing市场总监周士淇告诉《博客天下》，古风音乐活跃度是网站所有风格里面最高的，注册的古风音乐团体有几十个。

冥月的第二首歌表现好了点儿，可惜还是未能入围。不过，作为古风音乐圈内人，她在微博上有4万多粉丝，并在3月底贡献了一次隔空互撕。交锋的一方是冥月和古风歌迷，另一方是梁欢和抨击古风音乐的网友。

同样25岁的银临在杭州做跟音乐相关工作，闲暇时间被作曲、录歌、练歌塞得满满的。但这一次，她一条条评论、一页页微博翻着看，越看越伤心。

▌ 浮生未歇

没有机构或报告全面调查过中国到底有多少古风歌迷，早期出道的歌手河图与音频怪物在微博上各积累近百万粉丝，2013年成名的银临粉丝数是21万。在5sing上，河图的《倾尽天下》人气超过7200万；银临和云の泣合唱的《锦鲤抄》人气数已超1亿。

热门电视剧《琅琊榜》的插曲、演员王凯版《赤血长殷》唱"苏"一大片观众，他们中的绝大部分不知道，这首歌的原版完成于2013年，古风音乐圈的词作清彦、歌手五色石南叶等人共同创作了它。

两人分别在苏州、上海有本职工作，都是在2010年接触到古风音乐。清彦是90后女生，无意中听了董贞、心然等人的歌而"陷入古风圈"，从一个毫无音乐基础的"小透明"，一点点习练、写词，六年累积成为小有名气的作词人。五色石南叶学过很长时间的笛子，还是老牌业余配音社团"星之声"的核心成员。他有一个3岁的女儿，被网友称为"老干部""五叔"。

少数人是音乐专业，多数人是兴趣驱使；极少数人全职从业，绝大多数人拥有现实工作挤空余时间玩儿；这是古风音乐圈的一贯特点。

混配音圈的五色石南叶非常喜欢中国民乐，于是渐渐在网上唱歌，第一首翻唱的是墨明棋妙团员恨醉填词、HITA原唱的《浮生未歇》。

墨明棋妙是古风音乐圈里一个如雷贯耳、闪烁"大神"光环的原创音乐团队，共有60多个团员，代表作品有《盛唐夜唱》《枯叶之蝶》《千秋月别西楚将》《哪吒》以及《如梦令》《再逢明月照九州》《兰若词》等网络游戏歌曲。

古风音乐迄今为止也没有一个确定涵义，它的主要特点是结合传统民乐与流行元素，融合笛箫、古琴与钢琴等中西乐器，题材上多选择仙侠、历史、文学等古典题材，歌词清丽典雅近似古诗词文，常常配以念白与文案。最早萌芽于2003年，周杰伦凭借《东风破》等歌曲风靡全中国，网络上涌现出一批模仿他的音乐玩家，继而催生为这类玩家提供歌曲上传和交流服务的网站，比如分贝网、YYFC和5sing，都设有原创、翻唱及伴奏等板块。日本动漫翻唱、仙侠游戏配乐填词演唱，与模仿周杰伦风格的歌曲一起，构成此类网站的三大主要内容。

相当长时间内，大众熟悉以周杰伦《东风破》为代表的中国风音乐，却对属于二次元界的古风音乐一无所知。2012年第一季《中国好声音》，董贞以一曲《刀剑如梦》向观众介绍游戏仙侠音乐。自媒体"新音乐产业观察"创办人、陈贤江认为，2014年霍尊参加《中国好歌曲》时演唱的原创歌曲《卷珠帘》，才将"古风音乐"推入主流语境。

眼下，古风音乐正迎来发展的"风口"，大大小小的网络兴趣社团越发活跃，具有独立色彩的原创音乐人一个个儿冒尖。后起之秀汐音社低调崛起，近两年推出《千里丹心万里路》《人间词话》等原创古风实体专辑，均在5sing众筹成功。冥月与银临等人，不仅推出过实体专辑，还参加过线下音乐会。

10年前，这是墨明棋妙创始人之一EDIQ想都不敢想的事情。攀枝花青年EDIQ小时候摸过电子琴，练过书法，呆过合唱团，2005年毕业后，在当地电信局上班。朝九晚五，打打游戏，日子过得清闲。发现分贝网后，做原创音乐的想法"突突突"蹦出来。冷藏两个月的《盛唐夜唱》是他的网络成名作，选用台湾霹雳布袋戏《离魂》原曲，他填写的歌词几乎句句用典，酣畅欢快的词曲勾勒出一派繁华的盛唐景象。机缘巧合，他与《仙剑奇侠传》游戏玩家、擅长作曲的音乐专业大学生"小狮子丢丢"（以下简称"丢子"）成为拍档。两个二十出头的年轻人，一个写词一个作曲，精力和创作力特别旺盛，最多时候一个月能出七八首原创歌。

同一年，喜欢日本ACG文化的绯村柯北在日语系读大二，闲时翻唱日本动漫歌曲，盘算着以后当动漫杂志编辑，帮网友友情唱了一首古风歌后，豁达霸气的声线一下子被圈内认可。

从小练习古筝的湘西土家族姑娘银临，2006年正上初三，却满心念着网络游戏《仙剑奇侠传》，一到周末就和同学或姐姐脑袋抵着脑袋，双双盯着同一个电脑屏幕。她抽时间用K8软件录制翻唱的仙剑填词歌曲，传到分贝网上。

当时的古风音乐还处于混沌状态，翻唱、填词作品居多，原创寥寥，大部分创作人、爱好者还处于散兵作战，靠一张虚拟的网络产生着若即若离的关系。

2007年1月初的一个晚上，EDIQ和丢子觉得，仅凭两人之力，发挥到极限也赶不上网络歌迷对古风歌曲"量"的需求。"我们一合计就从QQ粉丝核心群拉人，一晚上时间凑成不到10个人的小团队。"34岁的EDIQ告诉《博客天下》。他斜靠在黑色皮面背椅上，对墨明棋妙团队在QQ群里诞生的往事记忆清晰。如今，他在高碑店拥有一间复古民居风格的工作室，留着短寸锅盖头，说一口四川味儿的普通话，歌迷则最爱在网上调侃他的平翘舌不分，nl音节不清。

团队里除了河图、丢子出身音乐科班，茶少、猫饭、Tony_MS、绯村柯北，多数都是音乐兴趣使然的"野生"派。《枯叶之蝶》是墨明棋妙第一首真正意义上的团队作品，网友"zhaodong3214"评价："很少有歌能让我听到泪盈于睫，而《枯叶之蝶》就是其中之一。"

EDIQ当时看了一些电影预告片和王家卫作品，就想以预告片形式，通过一首歌讲述一个故事，于是有了《枯叶之蝶》。新世纪音乐家林海谱曲的琵琶纯音乐《踏古》时而轻快时而低回，搭配EDIQ写的歌词与念白，短短五分钟内主人公白马、枯叶、月夜、说书人轮次登场，多重视角的穿插叙事拼凑出一个玄幻凄美的爱情故事。绯村柯北接到为角色"白马"配音邀请时，"挺受宠若惊的，我一个小透明也能和知名的E大合作！"此前她也参加过网络广播剧社团，但从没正儿八经出过声。那次她很努力地去配，念白顺熟，在单间宿舍闭门录了两三遍。忐忑不安中，她发现网友们都说，"这个角色配得还不错"。

曲部、词部、声部、演奏部、后期制作部、宣传部，这套为后人津津乐道的部门体系建立得晚，头三四年的合作方式很随意。如果有团员对某个题材感兴趣，就去QQ群里喊一句，"我写了个东西还不错啊，你要不要来唱一下？"谁感兴趣谁就加入，填词、作曲、录音、编曲，一道续一道，全部生产流程通过网络走完。设备也简陋，EDIQ录音用的是不到20块钱的麦克风，"就是那种特别便宜，用来QQ聊天的"，红绿两个话筒一插就开始唱了，"后来才改用动圈麦、电容麦"。混音（把多种来源的声音整合至一个立体音轨或单音音轨）这道必备工序，那时候大家"根本不懂"。录音软件是分贝网自制的，只有录音、播放两个功能，EDIQ觉得当时最"笨"的，是把一首歌录完导成mp3模式，再把它放到录制软件里录一遍和声。"重复三四遍之后，发现出来的音质，怎么这么糙。"

无论音质多么粗糙，在原创古风音乐稀缺的年代，墨明棋妙的歌曲依旧征服众多古风歌迷，也引导了不少后期涌现的独立古风音乐人。银临作曲、演唱的《锦鲤抄》曾入选"2013年十大古风歌曲之一"，她将墨明棋妙视为古风音乐道路上的领路人，"我就是听着他们的歌，慢慢培养起自己的古风兴趣和演唱作曲能力的"。

银临在2010年进入南京大学英语系，然后加入校合唱团、音乐剧社，也常和古琴社同学一起玩，但更多的时候是自己唱歌、学习作曲。她的男友灰原穷毕业于武汉音乐学院，两个人在网络上时常交流作曲知识，进而熟络、互生好感。

毕业快两年了，灰原穷有一家独立音乐工作室，这对生活在杭州的情侣创作力依然很强。银临把披肩长发染成银色，巴掌脸，笑起来眉眼弯弯。她晚上八点才加完班，神情略显疲惫，声音依然清丽婉转。"在梦里我和一个鲤鱼精相爱，可是鲤鱼精是被派来的卧底来刺杀我，为了保护我反而牺牲他自己。蛮感人的，我在梦里都哭了。"她告诉《博客天下》，《锦鲤抄》的灵感来自梦境。她先写出一段主旋律，又花了一两天做好完整曲子，词作再根据梦境虚构出古代版本的人与鲤鱼相爱的故事。这首歌让平时并不关注粉丝增长的银临蓦然发现，"好像有挺多人来听我唱的歌了！"

正是在那前后，古风音乐在二次元世界露出流行苗头。汐音社主唱司夏彼时还在复旦念书，曾以"西国の海妖"之名活跃在各大音乐平台，上传ACG同人(原创作品塑造的虚拟人物通过二次创作下诞生的新的故事版本)翻唱作品。她和网友一起搭建"西国论坛"，会时常更新自己"SoundHorizon"（日本乐队名称，以音乐与故事相辅相成为特点）风格的歌曲。汐音社小宇社长是第13号论坛注册用户。

29岁的北京青年小宇社长原本是计算机专业，却对哲学感兴趣，大学时常去北大旁听。大学毕业后，"一颗红心向农村"，做了大学生村官，扎根农村3年，识五谷、知农事。后来在优酷干过技术，又转去唱吧做运营，如今创办主营音乐与舞台剧业务的汐音文化传媒公司。在约定的咖啡馆，他一身休闲打扮，看不出丝毫跟农村的联系，倒是很有互联网从业者的气质。

"司夏对古风题材的小说迷得不行，还跑去晋江文学网站练手，写了10万字小说《潄愿记》。"他向《博客天下》回忆2012年的旧事。

经墨明棋妙与鸾凤鸣、平纱落雁等社团的努力，歌迷们能够听到一批高质量的原创古风歌曲。因此，2013年汐音社成立后，在音乐道路上"转型"，第一张古风专辑《漱愿记·漱》是仙侠精怪主题，也是第一张在5sing众筹平台兑现的专辑。一年后，《千里丹心万里路》则是《剑侠情缘网络版叁》同人原创专辑，全社团的人都扎进去"玩嗨了"，做原创配乐的心思一拍即合，"一共17首歌，觉得这个题材好，加进去，那个题材好，再加进去。"专辑发行后，小宇社长每次看歌手名单都"不寒而栗"，请朋友的朋友辗转搭线，几乎把圈内能找到的有名歌手、配音、插画家，都拉来了。

EDIQ是墨明棋妙两位创始人之一，早期代表作有《盛唐夜唱》《千秋月别西楚将》《哪吒》。他曾是电信局职员，游戏公司策划，如今全职做音乐。

▏▏ 次元破壁

演出即将开始。站在后台，EDIQ脑子里的弦紧绷着。前一晚，他跑来麻雀瓦舍听好妹妹乐队唱歌，顺便为次日墨明棋妙线下演出考察场地。歌唱到一半，电闸突然被拉断，全场一片漆黑。他被吓着了，"特担心也遇到这种意外情况"。他摸黑出来，小跑上到二楼的餐馆，好言好语跟老板打招呼，"您明天可别给断电了啊"。

六周年歌会是墨明棋妙第一次以线下音乐会的形式进行庆祝，此前他们在YY语音频道上，用歌声与文字开了一场场网络音乐派对。

从中午起，就有歌迷陆续来排队，票价60元。墨明棋妙的近40多个成员从全国各地乃至国外赶来，600平方米的场子共容纳900多人。粉丝以90后为主，多数人都是首次在三次元世界，见到二次元里熟悉的伙伴与偶像。冲破网络的虚拟壁墙，一个个奇怪的网名清晰为一张张鲜活的年轻脸庞。

密集彩排好几遍，演出一开始，各种岔子止不住地钻出来。4个话筒忽然就坏了3个，4个主持人只能轮流"抢"唯一出声的那个话筒。丢子因此忘词、串词，EDIQ、檀烧和清弄只能硬着头皮接下去，精心准备的开场白整成一段清口相声。接下来歌手们跑调、忘词、唱错词，演奏琵琶、二胡的民乐手们手心冒汗、乐器糊音——EDIQ担心的所有因经验欠缺而易犯的错，几乎轮番上演了一遍。不过，有一种担心被现场欢乐的气氛与活跃的歌迷证明是多余的——"歌迷看到现实生活中的团员，友好，热情，并没有针对外貌而有不太好的想法。"这是最让EDIQ高兴的。

对他们来说，线上到线下的转变，需要越过一个很大跨度。在网络上汇集、走红的歌手，声音都很好听，但毕竟不像电视里的明星艺人，有精致的长相和完美的身材，外貌与声音同步优质。4年前，董贞蒙着面纱，一袭白衣白裙登上《中国好声音》比赛舞台，面对4位导师"请把面纱揭下来"的建议，长时间沉默后，她哽咽着说出埋在内心深处的创伤——她在网上刷到过网友这样的留言，"你听她的歌就好，看到她长什么样子之前所有的幻想就破灭了"，自此董贞特别不愿意再让别人看到自己的相貌。刘欢一把摘下帽子，刷地站起来，以亲身经历让她相信，唱歌和长相没什么关系。

但董贞他们有自己的困境。绝大部分歌手、乐手缺乏现场演出经验，如果在舞台上发生表演失误，歌迷在网络上"粉转路人""路人转黑"也不是没有可能。双重忧虑让多数团员在早期都抗拒做线下演出，不乐意将二次元和三次元打通。同样长相一般的EDIQ很理解这种抗拒心态，但后来慢慢地，就有一部分人愿意走出来，站到舞台幕前。

这是古风音乐圈第一次从网络向现实世界延伸。持续两个半小时的演出效果非常好，银临以歌迷身份参与过墨明棋妙线下演唱会，"和一大批古风同好在一块儿特别兴奋，总是在说，啊这首歌你喜欢我也喜欢！"

10个月后，同一群人登上更大的舞台——在兼具文化底蕴与政治肃穆的南京人民大会堂上，开办名为《金陵·秦淮夜》的古风音乐会，2000多张门票20分钟内被抢购一空。团员们大多提前三四天就抵达南京，统统忙活在秦状元府的一间小办公室里。30多平方米的空间，摆放着乐器、舞美用品，成员们守在门口检票、协调流程，乐队坐在屋里一遍遍彩排。演出前一天，大家把各类用品打包、运送到现场。舞台上那排富有气势的编钟，道具组团员先把每一口钟拆下来，用报纸包好写上编号带过去，然后花钱雇了几个农民工合力把编钟中间的大柱子搬到会场，照着编号把钟一个个挂上的。

全LED舞台亮起的时刻，檀烧觉得"震撼又自豪"。与一年前身着便服不同，这次歌手们都化了妆，戴上发髻和头饰，穿着汉服演唱。表演结束后，歌迷里三层外三层围堵后台，甚至停车场也全都围满人。

线下表演的接连成功，再加上有实力的原创古风音乐人相继推出佳作，绯村柯北意识到，团队与歌迷的现实互动，可以通过整合古风音乐圈全部力量而演变成大型古风音乐会。2014年，墨明棋妙内部衍生出一个小项目组"古风十年音乐会"，大学日语老师绯村柯北担任总策划。小组成员利用空余时间去北京、上海、武汉、太原、广州、宁波等10个城市巡演，场场爆满。"不止古风圈，动漫、coser（角色扮演）等二次元领域的（人）基本都过来了。"

2015年11月，汐音社通过5sing众筹为《人间词话古风专辑》举办首次现场LIVE——《寻得词话亦人间》古风朗诵音乐会。阵容庞大的人气古风歌手与众多知名配音演员联袂演出，社团专门请服装设计专业的人设计汉服与民国风格的表演服装，可惜，一大半没能用上，瘦的人穿上气质卓然，像小宇社长一样匀称的人却穿出了厨师味儿。

专辑结合王国维的《人间词话》选段与李白、苏东坡、辛弃疾等古人的生平遭际，创作出9首原创歌曲和10个配乐朗诵。专辑主题是QQ粉丝群一个小姑娘提议的，小宇社长和词作乘物游戏也一拍即合，兴头上的两个人从晚上10点，你敲一行字我回一行字，持续讨论到第二天上午6点，通宵敲定新项目的策划方案。

乘物游戏刚大学毕业，长发及腰，高挑漂亮，成长在书香世家，家里有《收获》杂志创刊至今的每一期，打小被妈妈敦促着读古典名著。专辑的歌词、朗诵念白与文案，大部分是她包揽。小宇社长和社团好友自掏腰包凑了25万，原本想着要赔的，没想到竟在5sing众筹成功，专辑付印发售后还小有盈余，于是促成了线下朗诵音乐会，当天吸引了800多位歌迷来到上海梅赛德斯奔驰中心。

▥ 玩耍体系

伴随着实体专辑发行与线下演唱会的举办，古风音乐不再局限于网络小众圈子的自娱自乐。圈子厚实的壁墙被凿开一道口子，外头的人持着好奇、疑惑的眼光探寻到内部的零星景致。在知乎输入"古风"二字，答案首页会跳出《为什么古风音乐总是被喷？》《古风类的音乐门槛是不是比神曲还低？为什么？》《如何评价这首古风歌的填词？》等帖子。知乎用户吐槽古风歌曲是"全拿日本歌曲来填""歌词矫揉造作，旋律过于模板化""把普通的流行歌曲加上几样民族乐器混搭而成的'山寨产品'"。

实干派的小宇社长在好几个"征讨"帖中，扎扎实实码出1000多字的回复，从网络古风音乐的起源，分析到基于同人小圈传播走红的模式，最后"想借此机会，呼吁大家一起来做更好的音乐"。银临觉得这些诟病古风音乐的人，对古风圈的认知还停留在10年前。她眉头微皱，快速组织好措辞，"那时候还只有墨明棋妙一个社团在做原创，而现在许多具有专业特长的音乐人补充进来，原创社团也有二三十个了。不论是单首歌的作曲、作词、音质，还是古风音乐的种类、题材，都更为丰富多元"。

看到梁欢"撕"古风音乐圈，银临不像部分圈内好友，公开为古风音乐站队。难过归难过，她觉得梁欢某些批评踩得准，比如编曲水平初级，应当虚心接受。"要说服大众接受古风，还是得做出真正好的音乐作品。"

陈贤江则在文章中指出，网络音乐玩家们有自己的一套玩耍体系。"这套体系可以不经由传统渠道的曝光而在网上默默地发展壮大，从社区到社群再发展成亚文化体系，并最终影响到主流文化。'古风'就是最典型的例子。"

古风音乐"非传统"的传播路径，从风靡全网的《倾尽天下》中能够一窥究竟。这首Finale楼作词、河图作曲、编曲、演唱的歌曲，据微信公众号"三声"报道，2008年刚发布之初人气并没有急速蹿升。网友"第二颗扣子"根据歌词制作耽美向（即男男恋爱）的方应看和无情版《四大名捕》MV引起较大影响。之后网络写手"沧海遗墨"又以这版MV为故事内核，连载耽美小说《倾尽天下之乱世繁华》。2010年左右，这部小说大范围走红，令《倾尽天下》再次被大规模传播。类似电影圈必谈的IP，富有故事情节的古风歌曲极易唤起网友的想象延展与二次创作，从而衍生同名小说、广播剧、MV等版本，反向推动歌曲的网络传播力度。也因为这首歌，古风音乐圈内部逐渐重视授权问题。

虽然二次元内容创业日益走俏，主流社会对二次元的态度仍不够包容，具体到古风音乐，更会由于缺少了解而本能排斥。部分古风音乐人基本不跟家人、朋友主动提起自己的这一爱好，清彦就是其中之一。现实生活中，她身边的朋友不爱听古风歌曲，她乐于和古风圈同好在网络上社交。在大学任教时，绯村柯北极少跟同事与学生提自己在网上混古风圈这件事，即便她有不少学生是墨明棋妙的歌迷。有个学生无意得知老师的二次元身份，却默默保守秘密，直到毕业才请她签名。

2013年，墨明棋妙先后走进中国传媒大学、南京大学、清华大学等高校。第一站中国传媒大学，是个刚开春的日子，挺冷的，丢子讲作曲编曲、米子讲中国古代乐器发展史，EDIQ分享自己做音乐的故事和心得。讲座从下午1点左右开始，持续至下午5点才结束。

相较于圈外人，古风音乐人打心底认同、推崇本民族优秀文化，主动亲近、接触古代文学、民乐、书法、汉服、中国画、茶道。清彦家的衣柜里挂着十几套汉服，春夏秋冬的都齐全，她曾经跟着古琴老师习练琴技。银临更喜欢以古代为背景的小说、电视剧、游戏。小宇社长从农村回到北京后，也不着急找工作，在图书馆读了三个月的西方哲学史。EDIQ短暂研究过茶艺，听的歌、看的影视作品十分驳杂，美国英国日本的文化会有选择地吸收。

古风音乐兴起短短数十年，尚且难以把它归作独立音乐类型，甚至连"古风"都是创作者自发给出的分类。"但它的本质是一种爱国情绪，是对中华民族文化积淀的一种认可与向往。"五色石南叶告诉《博客天下》。他在卫生事业单位上班，平素工作节奏非常忙碌，很难在微博上经常与歌迷保持互动。14个月前，描述古人风骨的原创专辑《五声十色》发布，微博上有好多歌迷跑来给他留言。

"一些年轻的大学生、高中生，不仅是听我的歌，他们能沉下心来写乐评感受，还能自发地去翻阅古人相关的书籍，这是我唱古风歌曲收获的最宝贵回馈。"他说。2016年4月，五色石南叶为《中华遗产杂志》官方微博的"夜读哄睡"栏目，配音朗读时长9分钟的"服饰的善变，中国古代衣冠的'胡汉互动'"，用自己在古风圈的"一点点名气，希望年轻人不是叶公好龙，喜欢传统服饰之美的同时，对它的演变与发展能有所了解"。

近两三年，封闭的古风圈趋向开放，社团出品与歌手个人的专辑数量增长颇快，2015年和2016年万人场的线下演唱会接踵而来。南京米漫文化传媒有限责任公司的主创人员都是墨明棋妙团员，公司今年的重头戏是9月在鸟巢举办的万人场"心时纪——大型国风主题演唱会"。

"商业化"苗头蹿出，古风圈内部，创作者与歌迷之间，意见相左。有相当一部分网友在天涯、百度以及知乎上发表评论。网友沫颜如兮在墨明棋妙贴吧留言："我不希望我喜欢的古风商业化，次元壁很厚的，与其说让古风歌曲变成那些人茶余饭后的话谈，我宁愿让它只留存在古风圈里。"

受访的古风音乐人几乎都表示，商业化至少不是一件坏事。小宇社长认为，商业化最实际的回报是为做音乐奠定经济基础。"做最好的音乐，需要买设备。好的麦克风要上万，换个好吉他要两万块，这个钱从哪里出？"汐音社有一个成员是银行经理，收入比较可观，他最庆幸毕业时选择去银行工作，如今衣食无忧，投入于音乐的时间也够用。

银临则比较谨慎选择商业化歌曲的演唱邀请，词曲水准质量必须过关她才会接。墨明棋妙与汐音社都已经把线上兴趣社团与线下商业公司分割开来。"广州朗诵会上我们把商业和非商业的东西混淆在一块儿，拿工资与不拿工资的成员都很痛苦。"小宇社长决心消灭中间的灰色地带，网络社团就是无关商业的兴趣俱乐部，线下公司走商业付费模式。他坚信，在不牺牲音乐质量前提下的商业化，能够反哺线上的兴趣化音乐创作。

面对争议和互撕，一位古风歌迷则写道："真正喜欢古风音乐，不是吐槽它的不好，而是一起努力把它变得更好。"

（2016.6.3）

第四

章

别人家的年会

公司里有会议室，但一年忙到头了，那一刻就是要不在那里过。

饭桌、会议中心、酒店、度假村，聊天、吹牛、演节目、编派领导。

这就是年会。

年会是公司之间的角力，也是大环境、各行业、各公司一年成绩优劣的晴雨表。一些最优秀的公司在它的黄金时代会产出女神，还可以用载入史册的年会输出价值观。

年会的形式、约请的演出者、公司高管的排序、说话时间、欢呼与否，是各种微妙公司政治的关键。过去，"系统"的年会更曾经化身部委春晚，成为了不起的宣传教育项目。

不过，更多公司员工关注的仍然是抽奖和红包。所有被羡慕的年会，都是"别人家的年会"，选址更好，奖金和奖品更多。

年会是一个可以谈论一条地铁线全程的话题，是永恒的第一季度话题，可以从12月一直聊到3月。都市的地铁座位上和家乡的同学酒宴上，年会都是一种得体和可以交流的话题。

聪明的领导应该知道，在这种热门话题上应该给员工一些可以吹嘘的东西，这可以是温暖，也可以是金钱，也可以是带着体温的金钱。

别人家的年会

最好的年会一定是别人家的年会，但是"钱"和"真诚"都能让年会上的老板受人爱戴，当然，真诚地掏钱就更好了。

实习生/罗芊

刘强东把一群"挥舞着翅膀的"内衣女孩送到了京东年会的舞台上，这是在他承认和女友"奶茶妹妹"分手之后造就的新一个热点。

2015年1月17日，京东在年会上邀请16位美女模特仿造"维多利亚的秘密"的经典天使造型展开了一场山寨内衣秀，京东的舞台上还有4名男模，像道具一样隐藏在女模特背后，被拍下来、流传出来的，无一例外都是"福利"女模特。

中国物流与供应链管理高端联盟理事黄刚不禁发微博感叹："华尔街上市公司的年会福利就是不一样，屌丝们的福利！"

黄刚本人所在的物流业恰恰也是京东投入人力最多的一块业务，刘强东在年会上描述自己的员工为"70%来自农村，一帮简单的年轻人"。

2014年3月31日，京东公布过一个数据：那时他们有24412名配送员，11145名仓储工作人员。这些人大多数是农村男性，年轻力壮、血气方刚，没结婚，或者伴侣很少陪伴在身边。

老板的"福利"就像是文工团的演出，希望能够给这些小伙子斗志和力量。

另一种类似的福利则旨在拯救受过本科及以上教育的理工科男生，这些人以程序员居多。尽管有大量内容、行政、后勤等工作人员，国内员工超2万的互联网公司里，阿里巴巴集团、腾讯等公司男性比例大多在60％到70％之间。女明星、嫩模甚至AV女优在这些公司的年会上特别受欢迎。

AV在这样的公司里不是一个禁忌话题，相反可能是年轻人之间的接头暗号，网友@设计老铁感叹："互联网公司就是任性，程序员很难见到美女，所以要多请些美女来。"

带有轻微性暗示意味的"福利"仅仅是整个年会生态的一小部分。这是公司宣传公关的好机会，也是行政部显示自己存在感的大日子。

对其他部门这是一个假日，老板可以自恋、普通员工则可以暂时没大没小。在一些预算不足的公司里，实习生被按人头算餐费的年会拒之门外。

一线互联网公司的年会尤其受众人关注。B.A.T（百度、阿里巴巴、腾讯）的年会尤其如此：动辄百万的现金抽奖、颇具规格的明星捧场以及行业大佬的重要总结。

年会是一个怀念往事的好机会，回忆艰辛的创业经历，流泪痛哭都理所当然，没有人责怪。年会也是趁机做思考指点江山的机会，说给自己人听，也说给全社会听。

一些行业大佬会在年会演讲中抛出一些重磅炸弹，2013年5月马云在淘宝十周年年会上感叹自己做互联网"有些老了"之后，正式宣布辞去阿里巴巴CEO，将指挥棒交给陆兆禧。

也有一些人会选择隔空喊话，2015年的京东年会上，看过内衣秀的刘强东对着"兄弟们"喊话，"京东卖的每一个货物缴纳了税收，去年交了46亿，今年缴纳的税收会将近100亿人民币。如果我们这笔销售税，不交的话，可以告诉大家今年的净利润就是100亿以上"。这种对内演讲其实是对着同行打锣鼓点儿。

抽奖也是每个年会的重头，这可能是难得合法、喜气洋洋的赌博，奖品从汽车、金条到"两捆大葱"，可谓是无奇不有，只为博君眼球。甚至有些公司传出用"与知名女优共度良夜"当做特别奖的噱头。

年会是公司的宣传窗口、年会是老板的高音喇叭、年会是员工来年离去或者坚守的播种机。

年会是老板们比拼内力、炫耀实力的秀场，但最终的评价标准，要靠员工的满意度。尽管员工口中的最好的年会一定是"别人家的年会"，但不够土豪的公司也可以给人归属感。

如果你够土豪，可以粗暴残忍地买买买，用钱击倒员工的心。

如果你不够土豪，那就细水长流、润物无声，给他们一点温暖、一点感激。

最好的老板，又给钱，又温暖。

年会抽奖经济指数

别人家的薪水可能是秘密，但探问别人家年会在哪办、请谁、吃什么、抽什么并不令人反感，也能推算出今年的境况。

今年的春节特别晚，难耐的公司众员工已经在窥探别人家的年会了。

网络上流传着一份"2015年互联网公司年会礼品单总表"，里面赫然写着："阿里巴巴年会特等奖5000股票（按照1月18日的股价在300万元左右），腾讯特等奖200万现金，百度特等奖斯坦福游学……"这些都被证实为虚假信息，但仍被疯传。

这样的传谣并不被人反感，一群人哄抢一般地疯转，就像是一群衣衫褴褛的长矛兵慢慢地把骑士逼向墙角或者山崖。这是一种错觉：老板看到我们一起哄抬别人家的年会，也会给自家的奖金加码。

年会确实是公司显示土豪气质的好时机，公司奖品的丰厚程度往往与公司效益直接挂钩。有的公司会直接发钱，有的公司则会发自己的产品，一些经常参与以物易物的公司（公关广告媒体）则倾向于发换来的产品，最低端的公司发的是廉价搞怪的产品或者精神类产品。

发奖的规则可以看见老板的价值观，在2014年的年会奖品大战中，刘强东带了100万现金出席京东年会。50万现金现场发，剩下的50万全部留给没有来现场的在公司加班的员工；作为一个24小时在线的公司，这样的表态非常重要，而对农村长大的青年居多的一个企业，真金白银很受欢迎。

奇虎360在2014年会奖品清单总价值高达1787万元，但这同时包括了优秀员工的奖励，而不全是抽奖。那年的清单上包括价值110万的保时捷卡宴豪华SUV、50万股票和父母双飞游、30个旅游大奖、30个iPadMini2和21根金条等；搜狐的部门年会也抽取了2-50g金条若干。

除了人民币和真金白银之外，数码产品最为实在，拿起手机来，说这是"年会中的"也是员工向亲友炫耀、传播公司名声的好方法。苹果系列产品、Kindle、智能手环都是常见的角色，还有些奖品带着上流社会的格调，比如小米公司去年准备的七天六夜游轮之旅以及搜狐曾经抽过的价值万元的马场VIP会员卡。

出国开年会也是一种福利，和土豪公司用钱买这样的机会相比，一些旅游业的公司获得这样的机会非常方便。蚂蜂窝是个小型创业公司，但一年一度的年会是蚂蜂窝员工"拉仇恨"的好时机，2013年蚂蜂窝全体员工前往印度尼西亚开年会；2014年奔赴马来西亚开年会；2015年伊始300多位员工去新加坡玩了一圈。

"炫耀—嫉妒模式"当中，昔日曾经风光的一些单位已经悄然改变，大多数机关和国企因为反腐败的深入不再敢发昂贵的产品——曾经普奖是iPhone，现在变成了每人一条毛巾。

"这毛巾挺好，还绣了花。"这是很多人自我安慰的一种模式。

在网络问答社区知乎上有人提问"为什么人们很喜欢讨论其他公司年会活动和奖品是什么？"，其中一个回答是："为了抱怨自己处境不好。人们似乎假定了一个前提——如果我们公司提供这些奖项，我就能拿到这些奖项。"

最令人心生怨恨的不是老板的寒酸，而是老板不恰当的幽默感。网友加班无止境晒出自己的年会奖品是3张迟到券："恭喜您，凭此券本年度可以迟到3次。"

浙江宁海一网友的年会奖品是三箱辣条和两瓶酱油，"酱油是老板岳母家超市囤积的、已接近保质期了"。

网友"飞飞燕"在南京一个本地论坛上吐槽"单位年会发了两捆大葱，请问要怎样保存"。

还有网友说自己"中了一辆路虎"，结果"年会后被一辆路虎车送回家"；还有人中了"苹果笔记本"，苹果很甜，笔记本纸质很好。当时大家都笑了，但老板的信用已经濒临电信诈骗犯的边缘。

不恰当的幽默感有时能对不怎么稳定的劳资关系完成最后一击。

▥ 女神出现的那一刻，是公司的黄金时代

最好看的姑娘往往出现在经济最发达的地区，一个公司制造女神的那一年，一定是正处于它的黄金时代。

就像《武媚娘传奇》里范冰冰等众位女星告诉我们的，中国历史上最开放的女性衣着，出现在盛唐，一个公司制造女神或者输出女神的那一年，往往是这个公司的黄金时代和鼎盛期。

2007年3月，富士康慈善晚会上，郭台铭和林志玲一起跳了一支舞，此前的2006年，富士康的盈利及营业额同比分别上升了86％及63％，纯利达7.18亿美元，直到2008年公布的2007年业绩，这种狂飙式的增长才告一段落。

和传统制造业的郭老板与女神共舞相比，一些富有创造力的企业直接负责制造和输出"女神"。

2012年1月，一位长相酷似林志玲的百度员工刘冬，因为在百度年会上表演T台秀，被网友赞叹"惊为天人"。她的表演照在网上疯传，粉丝一夜暴涨5万，人送外号"度娘"。很快，这位"宅男女神"的恋人、家境、喜好都被网友疯狂搜索，她也因此登上知名电视台的综艺节目，并与明星合作拍摄MV，成为百度的"活广告"。

2011年也确实是百度的黄金时代，全年净利66.4亿元，同比增

长88.3%，在此前的2010年，百度的净利同比增长137.4%。到2012年，百度的净利同比增长不到60%，刘冬也在2013年从百度离职。女神并非公司业绩增长的原因，却可以部分地成为公司业绩的晴雨表。

阿里巴巴也有了自己的"阿里女神"。2013年5月10日晚，在杭州黄龙体育馆举行的淘宝10周年年会上，阿里巴巴员工李恬一袭红色短裙搭配性感黑丝，大方献唱《爱你在心口难开》。因为嗓音甜美舞姿曼妙，这位长相酷似吴佩慈的"辣妈"在年会结束后受到圈内人的高度关注，被誉为"阿里女神"。

输出女神的时候也是阿里巴巴春风得意的时候，此前的2012年，阿里巴巴全年净利润为4.85亿美元，同比增长81%。

2014年1月，奇虎360的年会邀请了著名"硬盘女星"泷泽萝拉，混血美女萝拉身穿粉色吊带短裙在年会现场与员工贴面热舞，引来阵阵尖叫，"程序员"们纷纷去后台与她合影，姿势亲密。此前的3年，奇虎360的营收同比增长速度是191%、96%、104%，吨位小，成长快。

也有女神出现的时候，公司正在起高楼和宴宾客，苍井空曾经出现在2012年1月凡客的年会舞台上，一位在场嘉宾在社交平台上说："王珞丹出现在红毯的时候，小轰动；韩寒出现的时候，大轰动；李宇春出场的时候，几乎全场轰动；苍老师出现的时候，连主桌的嘉宾都hold不住了。"诸位互联网界大佬纷纷上台和其拥抱，包括凡客CEO陈年、小米科技老总雷军等。

此前的2011年，正是凡客大规模扩张的一年。之后，凡客进入了一个艰难的时期。

女神和公司的黄金时代的联系似乎很好理解，只有对公司富有信心、成绩出色的团队才有信心去花大价钱请来"女神"，也只有聚光灯下、受人关注的公司，才可能把员工本身变成女神。

腾讯在年会上似乎从来没有过创造女神的冲动，他们的年会更偏向于传统的计算机科技公司和媒体气质，偶尔出现的明星大多是娱乐、视频等频道有合作关系的明星，和年会的稳健风格印证的是，腾讯2010年到2013年的营收同比增长都在50%左右，没有女神出现式的狂欢。

眼见公司起高楼，眼见公司宴宾客，眼见公司请女神，女神造就的那一年往往就是黄金时代的开始，或者黄金时代的尾巴。

⫾⫾ 有的老板特别能负责娱乐群众

2013年淘宝十周年年会
上，马云宣布卸任CEO。

最好玩的老板自己演节目，其次的老板和员工一起演节目，第三等的老板请明星给员工演节目，预算比较少的老板让员工们自己演节目。

在众多老板中，马云属于典型的"最好玩的老板"。一位已经离职的阿里巴巴员工这么描述马云在年会中的表现："老马那么爱自黑，我们都不舍得黑他了。"

这位前英语老师几乎把昔日课堂上的浑身解数使了出来，从分角色朗读课本到课本剧，到化装舞会。

和别的公司不同，阿里巴巴的年会被安排在9月，而不是春节前的1月。阿里巴巴创建于3月，在双十一忙碌之前开会打气是一个好主意。

开年会的那几天，杭州的机票酒店一票难求，来自全球各地的几万名阿里巴巴员工将被"召唤回家"。

马云无疑是最大的亮点，员工们很自豪自己的年会是"老板娱乐员工"，而不是"员工表演给老板看"。

2008年阿里巴巴年会上，马云身穿白色束腰纱裙，头戴金黄波浪卷假发，扮演白雪公主，与高管们上演了一出《白雪公主与七个小矮人》；2009年9月，他头戴鸡冠、白发披肩，搭配墨镜和朋克风花外套，开口唱了两首英文歌，一名在场的阿里巴巴员工回忆当时的情景说"当时马爷一出现大家把屋顶都要掀翻了，保密工作做得太好了"。

在马云感染下，众位掌门一度有一大波易装之风，李彦宏扮演西班牙侠匪佐罗，刘强东扮过上海滩逆袭屌丝许文强，雷军扮过自家吉祥物"米兔"。

对于马云"扮丑"，阿里巴巴集团副总裁陶然称，公司年会高管们让员工一乐也是很正常的，"马云所有的造型都是马云自己决定的，马云不需要别人为他来确定造型"。

他是本集团最大的腕儿，影响别人情感的大师，每年年会后半段的主题演讲中，马云都会用累到沙哑的嗓音简短地分享自己的感受，黄龙体育中心的数万名阿里巴巴员工都会哭。

"年会上老板讲话会击中心里那个柔软的东西，我们交易平台一个活赶着一个活，年会就是我们最放松的时候"，一位在职的阿里巴巴员工依然记得有一年杭州下大雨，因为盯岗后面才赶来的人黑暗中摸索着进来脱下外套，很热、很挤，但是可以一起笑一起哭，大家都愿意去。

一位已经离职的阿里巴巴员工告诉《博客天下》，外人爱看"老板自黑"，但"让现场那么多人真正哭出来的是卖家分享的故事，以及老板的人格魅力"，"老马说话非常非常有煽动性，不管你带着什么立场去听他说话最终都会被他鼓动起来，他是非常有大智慧的一个人"。

有员工回忆说，尽管已经参加5次年会，她都记不清具体有什么抽奖，"内心的共鸣会多于物质奖励"。

与马云的"情感大师"风格不同的是，程序员出身的马化腾不是一个善于鼓动人心的人，腾讯员工印象最深刻的无非是，"江南style"大热那年和其他高管一起跳"骑马舞"，不少腾讯员工纷纷猜测马化腾今年会选择跳"小苹果"——什么风行就跟着来一段，和许多小企业的老总并无太大区别。

腾讯北京分公司的年会通常被形容为"坐班车、排队、体育馆、明星员工演出、抽奖、结束"。一位腾讯员工告诉《博客天下》，"参加了两次，都很无趣，今年我觉得也不会有太大变化"。

这位员工觉得阿里巴巴的"领导演节目给群众看"更热闹，但她的记忆中，平时在深圳活动的马化腾在北京分公司年会上的讲话非常四平八稳，最后一句通常会是"愿大家共同努力，再创辉煌"，年会就在员工们的鼓掌声中结束。

腾讯北京分公司年会往往会给一张"大麦网"打出的标准门票，门票下面有一行提示，"入场时另有精密仪器鉴别真伪，勿存侥幸心理"。

"就好像有人会拿着假票进来看我们的年会似的。"这位员工说。

不过腾讯仍然被认为是拥有优秀年会的一家公司，这家市值超过千亿美元的公司家底殷实而且业绩一直在持续增长，不高调，但奖金和奖品都可圈可点。

⦀ 一杯酒，一片天

遇见想要钱的员工，就给他点爱，想要爱的员工，就给他点钱。

即使最坚定的员工，到年关的时候也需要一点鼓励，大多数人要得不多。有一两个跟家人、乡亲们和小伙伴可以吹嘘的点就已经够了。哪怕就是一杯敬酒，一片蓝天。

尽管已经上市成功，陌陌科技的年会可谓低调，这家企业在过去的几年里基本上以一种创业姿态示人。

2014年12月11日，陌陌科技在纳斯达克上市。8天后，陌陌便迎来了上市后的年会。一位陌陌员工这样形容当时的场面，"上市的欢乐气氛还在，在场绝大多数员工有股份或者期权，年会算是上市当晚庆祝活动的继续"。

股市上的表现让他们都拥有了可观的收益，所以没有明星和夺人眼球的奖品也并不奇怪，近400名员工一起做游戏。

"在挑战配合默契的游戏中，看工作中严肃的同事出囧，玩得很疯很开心。"

因为创业型公司人数较少，许多合作部门的伙伴都彼此熟识，陌陌的员工很开心地表示："我们30来桌人唐岩会每桌敬酒，并说一些鼓励大家的话，这是让我觉得陌陌挺不一样的地方。"

这可能是小公司的好处，几百人规模是可以"玩儿"的最大限度，数千人规模就只能用腾讯的"演"或者阿里巴巴的"讲"来完成了。同样，在陌陌的规模上可以和老板喝酒，但像腾讯这样规模的企业，聚餐只能以部门为单位分头举行。

大多数带晚宴的年会（规模在几十人到数百人）都不会离开酒，酒后的员工们分头回并不安全，所以很多老板会选择一种不回家的年会，住宿在酒店、会议中心乃至于农家乐。百度公司人少的时候曾经把年会地点选址在九华山庄大家一起泡温泉，但后来人多了就只能去首都体育馆、北大体育馆这种大型场馆。

在老板送温暖的过程中，拉高中奖率也是人性化的一个举措。

小米公司的年会通常会扩大中小奖的数量，"大家其乐融融，奖品没有太大的贫富差距"。在前两年年会时，小米公司会有聚餐，以一桌10个人为单位，有6个人是中奖的。近两年虽因人数增加取消了聚餐这一环节，中奖率高这一传统依旧沿袭了下来。

虽然小米电视、小米手机单价可能不高，但是小米员工认为年会奖品"基本上大家人人有份，所有人都很高兴"。

蚂蜂窝2015年1月在新加坡举办了本年度年会。300人拆分成两队奔赴新加坡，行政部门等"先遣部队"提前前往布置场地。

在结束7个多小时的飞行后，员工们一下飞机就看到公司的工作人员穿着当地的服装，带着花环、荧光棒、灯牌在欢呼，迎接大家的到来。

在大多数的公司里，年会组织者的角色都是很快被新员工认识的面孔，在短短两三天之中，他们是全体员工的保姆。在异国他乡组织年会更能有这样的效果。

"许多细节令人暖心，有同事放下行李，发现床头摆放着年会定制T恤，上面有鱼尾狮图案以及自己的名字，旁边放了一张手写的小卡片写着：祝你玩得开心。"蚂蜂窝的一位员工说。

蚂蜂窝用一个内部APP分享所有年会信息，员工通过APP明白自己的分组，签到、讨论、查找攻略都在上面。分组名字分别叫做"刺杀金XX""叔叔我们相约玩去""无名任性组""饭醉嫌疑人"等等。

蚂蜂窝CEO陈罡和COO吕刚在年会上表演了魔术，员工们往他们麻袋里投一些钱，他们当场变出更多的钱，"魔术很菜，但大家瓜分他们麻袋里的钱特别开心。"在年会抽奖时，公司贴心地为这群热爱旅行的年轻人准备了Go Pro（运动相机），红圈镜头，不算奢华，但符合爱旅行人的口味。

1月15日，许多蚂蜂窝员工在克拉码头游玩，坐在码头附近的桥上拿着一杯啤酒吹风。新加坡天气晴好。

发在朋友圈的新加坡蓝天，像水洗过一样，特别惹人嫉恨。

当天，北京PM2.5指数最高是469，重度雾霾。

（2015.1.25）

年会群星闪耀时

有人要的是范儿，有人追求的是雷，有的老板与狼共舞，有的则敬慕先贤。

本刊记者/张静

中国式年会的历史至少可以追溯到农业社会。地主家往往会在农闲时给长工放假，多数假日与当地气候条件有关，从天儿冷起来直到正月十五。

宴请长工是"东家"惯例。许多地主家的年会在腊月二十三或二十四召开，这是假期的前夜。老板让忙碌了一年的长工们酣然一醉，增菜添肉，给每位长工发了粮食和腊肉，次日各人回家过年。

小说《白鹿原》有这样的描述："包谷苗子陆续冒出地皮，间苗锄草施肥还得半个月以后。财东家就给长工们暂付了半年的薪俸或实物麦子，给他们三五天假期，让长工把钱或麦子送回家去安顿一下，会一会亲人，再来复工，此后一直到收罢秋种罢麦子甚至到腊月二十三祭灶君才算完结。然后讲定下年还雇不雇或干不干，主家愿雇长工愿干的就在过罢正月十五小年以后来，一年又开始了。"

"主家愿雇长工愿干"表明年会前后是结算工钱和重新考虑雇佣

关系的时段。东家年前的慷慨是留下好长工的关键。《白鹿原》里有句"富人家惯骡马，穷人家惯娃娃"。优秀长工是东家拉拢的对象，在小说描绘的关中平原，长工被称呼为"某相"，相的本意是辅佐襄助，大有康熙王朝中"明相""索相"这样两位臣工左右手的意味。

这样的年会传统曾因土改和公社化运动一度在内地中断，直到上世纪90年代，台湾企业进入大陆，富有闽南文化特色的"尾牙"一同进来。每年腊月十六，老板会请员工吃饭，发放工钱和奖金，昔日的农业社会传统在工业企业里逐渐回归。

早年并没有年会邀请名人的做法。在四川，多数老板或包工头选用坝坝筵的方式犒劳手下。这种露天搭棚的宴会肉类丰富（有"九大碗"的说法），几乎清一色的猪肉菜，堪称脂肪和蛋白质的狂欢，当然还有酒。

至于有些企业娱乐之余畅谈大好形势或学习经典案例的做法，则是源自欧美企业的年会传统。

如今，越来越多的企业不满足于酒肉和业务培训，许多实力强劲的公司选择邀请各路明星前来助兴。从歌手到笑星，从AV女优到模仿秀演员，五花八门。

这被视为对员工的另一种精神犒赏。

邀请明星参与年会，既能活跃气氛、吸引眼球，又是公司实力的证明，尤其讨老板们的喜欢。

至于邀请什么量级、什么路数的明星，则与老板的审美、员工的品位以及年会组织部门负责人的偏好都有关系。

▦ 有多少米，烧多少饭

选择明星的首要原则是量力而行。

明星是有档期的，和大牌明星打交道尤其要注意这一点。如果企业年会和春晚彩排撞了车，再说什么都是白费力气。

除了考虑档期，还得摸摸自家钱袋。明星商业演出的价码差异悬殊，出场费动辄几十万的主儿并不少见。据于正工作室工作人员介绍，于正旗下某当红女星目前商演的价钱约为25到30万。一线当红明星的价码有时则按分钟计算，根据《华商报》的报道，一位网友"菠萝Meeker"曾爆料称，范冰冰参加一时尚化妆品牌的年会，出场费是每分钟6万元起跳。

显然不好意思跟范爷说："您就来一分钟吧。"

出场费也和具体活动内容有关，剪彩、唱歌或是主持，价位有所不同。即使是老板也不能临时起意增加工作量，比如叫相貌俏丽的女演员陪几杯酒，那是预算以外的工作。

与好长工类似，名气大的明星也是抢手的资源。不少成名数年的明星根本不差钱，这时企业品牌和老板的面子才是关键。

在《笑傲江湖》中，令狐冲就任恒山派掌门的仪式上，少林寺方证大师和武当派冲虚道长亲来道贺，一度让令狐冲受宠若惊。这就属于花钱请不动，看面子来的高人。

恒山派一众女弟子于是个个喜形于色，"掌门师兄的面子可大得很啊"。

这与老板请来当红明星出席自家年会后，普通员工们的反应差不多。"韩国那个李敏镐欧巴，腿比你们不知道长到哪里去了，我老板跟他谈笑风生！"

对于青睐"公益""慈善"活动的名人，就得在年会主题上多下工夫。

⦚⦚⦚ 性价比最高的，是主持人

在各路频频露脸的名人中，电视台主持人算是性价比较高的一类。

他们仪表端庄、口齿伶俐，并且大多情商高，说话得体。由于临场经验丰富，控场、串词都不在话下。他们常常出现在固定时段的电视节目中，在定期收看节目的员工眼里称得上是老朋友。

此外，节目主持贯穿年会头尾，通常长达两三个小时或者更多。如果邀请刘翔表演110米跨栏，13秒之后就要结账，惊愕的员工们可能还没有回过味儿来。

央视主持人是上等的选择。由"国脸"主持公司年会，那是长脸的事儿。能够请来央视名气较大的主持人，意味着企业声望高、不差钱，或者，老板和对方有交情。有的企业年会时会邀请重要客户一道参加，这无疑是个吹嘘实力的大好机会。

根据2013年央视一综艺节目知名导演的说法，某综艺节目主持人很受农民朋友欢迎，他在外地主持一场房地产商主办的晚会，税后友情价是50万元。

"稍微有点名气的，10万元是起步价。"一位中央人民广播电台主持人近日向媒体透露说。

虽然央视历来反对自己人出去"走穴"，但主持人接私活儿也不是什么稀奇事。他们往往会要求主办方在合同中标明，不邀请地方电视台出席活动以及在主持活动时不得摄像播出。和台里打过招呼后，企业年会关起门来闹联欢，也没什么要紧。地方电台或者电视台主持人就少了许多禁忌。

在一些带有发布会色彩的年会上，演艺明星有时也会客串一把主持人。张国立于2014年年初担纲亚洲品牌年会主持，为上春晚热身。李小璐也曾客串过索尼音乐年会主持人。不过对于企业内部年会来说并不划算。

婚庆或庆典类主持人则是更为经济的选择，尽管要价通常比主持婚礼高些。

▌ 甲之熊掌乙之砒霜

2007年，57岁的富士康董事长郭台铭曾在公司慈善晚会上与林志玲共舞。台湾企业邀请台湾明星，原是顺理成章，宏基公司就曾在2010年年会时邀请台湾摇滚乐团五月天站台。不过，经典女星如林志玲尤其受到郭总这样传统制造业土豪的钦慕。

郭德纲的相声专场曾是链家地产年会的重头节目。链家的团队中多是北方年轻男性，工作要求口齿伶俐、反应快，还需要一点儿幽默感，这跟郭德纲的典型观众形象以及他挑选徒弟的条件几乎完全重合。

郭德纲相声专场的报价在2013年时超过了70万。

有些企业会根据员工的情况选择明星，比如某年京东的年会就上演了一出山寨版"维多利亚的秘密"——模特内衣秀，作为对员工的犒赏。刘强东的队伍里有两万多名快递员，刘总自己的说法是，这些人70%出身于农村，尚未结婚或者妻子不在身边。

日本AV女优尤其受到互联网公司和游戏公司的偏爱，苍井空、泷泽萝拉、小泽玛莉亚等都曾出席这类公司的年会。她们被认为是"程序猿""攻城师"和游戏玩家们喜欢的形象，更是捕获社会注意力的利器。去年年初，波多野结衣身着透视装现身上海一家游戏公司年会现场，大批宅男粉丝争相上台合影求拥抱。苍井空由于勤学苦练，汉语和毛笔字大有长进。

也有具有伟人情结的企业家。部分二线特型演员会在一些公司年会出现，浓烈的湖南或四川口音在会场飘荡："疼姿们，XX公司，是个耗公司！"有的演员不便讲话（女扮男装的演员，一张嘴会暴露性别），有的演员可以题字，每种特技报价自是不同。

热情的老板们会挽留扮演历史人物的老师们一同吃饭，不过这有时是一种煎熬。一位扮演过蒋介石的演员曾在接受《博客天下》采访时提到，自己每次参加活动时都吃不饱，由于总觉得自己就是蒋介石，吃起饭来格外矜持。蒋介石本人饮食清淡，不碰烟酒。扮演主席的老师总是大大方方地夹一筷子红烧肉，而且这道菜一端上桌，大伙儿都主动让他。

相较于历史人物模仿者，明星模仿秀艺人则要任性许多。与年会上现身的发哥、周杰伦、刘德华的模仿者合影，勾肩搭背毫无障碍。

选美冠亚军和选秀歌手也是公司年会上的常客。

对女性员工占多数的企业来说，邀请韩国艺人或是更讨好的选择。

国企机关奢侈免谈

自从中央的"八项规定"出台之后，大型国有企业逐渐不敢大张旗鼓地举办年会。

2013年8月13日，中宣部、财政部、文化部、审计署、国家新闻出版广电总局联合发出通知，要求制止豪华铺张，提倡节俭办晚会。

五部门明确表示，不得使用财政资金举办营业性文艺晚会，不得使用财政资金高价请演艺人员，更不得使用国有企业资金高价捧"明星"。

对于小企业和民营企业而言，这或许是个利好消息。过去出没于各种晚会的民歌歌手，如今也能以比较平和的价格飞入寻常百姓会了。

不过，年会时候还有一种远高于热闹的绝对正确：

红包和抽奖，比酒肉和明星更体贴，更紧要，更伟大。

（2015.1.25）

第五
章
都曾围观故宫，只是姿势不同

一座故宫。

在民国编辑徐志摩年轻时，是瓷花砖上堆灰、石缝里长草、石板上青青的全是霉的"空院子"。

在现代作家林语堂年轻时，如同伊甸园里的苹果，充满了圣洁和神秘色彩，禁锢起来的是诱惑和完美。

在作家唐弢年轻时，虽然建筑得金碧流辉、巍峨壮丽，但在凝重静穆的氛围中，却不免包含令人压抑的单调、呆板而又枯燥的气息。

在 60 后诗人西川年轻时，是历史、传说和"幽灵的栖居之所"。

在80后纪录片导演叶君正年轻时，那里有一群"不忘初心"的人，默默进行着技艺传承，像一个不乏生活气息而又安静和谐的世外桃源。

而在更加年轻的 90 后乃至 00 后 B 站网友眼里，它彰显了祖国的文化，为了看它的纪录片，"慕名而来"到 B 站"舔屏"。

这些围观的年轻人，最终让纪录片《我在故宫修文物》成为了"网红"。

我们梳理了这些在不同时间节点上"围观"故宫的年轻人，其中有那个时代心怀家国与使命的沉痛，也有这个时代心怀敬意与美感的轻松。

他们用围观的心态拍"红"了故宫

文/李天波　编辑/王波

　　一部在B站走红的故宫纪录片背后，站着的其实是一帮纠结于如何呈现故宫的年轻人。两个月前，故宫推广组在微信群里说纪录片《我在故宫修文物》在视频弹幕网站bilibili（B站）点击量70万了，导演叶君看到消息有点蒙，心里没底，怎么也没想到自己的片子会在B站走红。

▓ 只想让外行也看得下去，没想到在B站火了

　　他特意去看了一遍弹幕版，从头乐到尾，至今一谈起弹幕都会强调"高手在民间"。片子里钟表组师傅王津去厦门出差，网友立马接茬"到18环了"，镜头转过钟表上的一只纯金狗，弹幕跳出"这就是传说中的黄金单身狗"，就连片名《我在故宫修文物》，也被年轻人们衍生出很多版本：我在东北玩泥巴、我在人民广场吃炸鸡等等。

　　80后的叶君喜欢谈及这些90后甚至00后们的反馈，这至少达成了他最初的期望：拍一部年轻人能喜欢的故宫纪录片。叶君曾参与拍摄故宫纪录片系列第二部《故宫100》项目，每集用6分钟的时长讲述

了故宫100个空间的故事。

纪录片出来后，他和一些朋友闲聊，发现没人关注纪录片里的具体内容，都追着问他：故宫里面闹鬼到底是不是真的？"你会突然发现，大家关心故宫的点是很细微的，并不是很宏大的那种话题。"叶君告诉《博客天下》。

所以，在接拍这次纪录片之初，他和制片人、清华大学新闻与传播学院副教授雷建军就设定了"物（件）事（件）人（物）非（物质文化遗产）"的主题，也即藏品、工艺、鲜活的人物和情感情怀，以人物去推动片子的整体进展，完全生活化。

最后的成片里，出现了很多师傅们生活化的镜头，比如打水、打杏子、逗猫、养兔子、养鸟、抽烟、种树苗等等。叶君还在第一集里，特意回应了故宫闹鬼的说法。青铜组的王有亮师傅早上开门前喊了一声"走着"，解释是怕里面有黄鼠狼、野猫之类的小动物，噌地一下蹿出来，并非闹鬼。弹幕里留言说这是故宫官方第一次吐槽闹鬼说。

有朋友在看完片子后，给他朋友圈留言：这是目前唯一一部探讨现代人与故宫关系的片子。叶君不太支持唯一的说法，但承认现代人与故宫的关系是他想表达的重点。

在大多数人的认知里，故宫依然没摆脱皇权的刻板印象：恢弘、威严、不可侵犯。但现实中，当下的故宫里生活着很多跟我们一样的人，这些手艺人一边做着顶级的修复工作，传承着历史，而一旦放下手里的文物，他们跟普通人一样，有平平常常的喜怒哀乐和七零八碎，也坐地铁、用微信，紧跟着时代的节奏和步伐往前走。"故宫虽然只有几百年，但是承载了几千年的历史，是纵向发展的，里面的人也是一样，不断变化的。"叶君说。

他想呈现在科技快速发展的今天，手艺人在技艺传承和现代化之间的生活状态，"你不能让大家觉得高大上、跟我无关，你要通过这种生活化的呈现去拉近这种时间上的距离感"。

最初，叶君和雷建军商量，大概的主题以故宫的师徒制为主，落点放在故宫里面传承手艺的年轻人身上，讲一群人怎么坚守一个越来越少人愿意做的领域，暂定的标题也是《故宫新传》。

在拍摄取材中，80后叶君发现"坚守"这个词过于沉重。故宫里边年轻人的状态跟其他行业年轻人刚工作时的困惑没什么区别，也会抱怨工资低、工作枯燥，也会想要不要跳槽。最终在片子里，叶君重点探讨了职业对人的影响以及职业的价值，这是每个人都可能会遇到的问题，也是"大家都会关心的问题"。

当然，也有人指出这部讲"修文物"的纪录片"不够专业"。这恰恰是纪录片团队刻意为之。"为了让外行也看得下去。"叶君说。在素材选择上，他放弃了完整地呈现修复技艺。"以修铜器为例，前后拍到好几件铜器修复的完整过程，从打磨到修补、上色到最后还原，整体一小段呈现也很好看，有人有技艺，但节奏会显得拖沓，而且专业性太强"。最后，他们只截取了能体现人状态的片段，与其说是"呈现"，不如说是"围观"。

片子走红那段时间，叶君正在养腰伤，这是连续4个月每天15小时的剪辑劳作留下的后遗症。他一度排斥再看这部片子，只想着养好伤后，像往常一样继续开始手头新的工作。如果没有人把片子上传B站，可能也不会怎么样，毕竟，在中国纪录片本身很难受到关注。对于《我在故宫修文物》的走红，叶君"有时觉得只是一场意外"。

雷建军则对片子的走红并不意外。五年前在故宫做调研时，他就笃定这是一个好选题。题材上，故宫这些手艺人属于全球顶级的文物修复师，他们怎么来的、过着怎样的生活、怎么传承手艺，普通人很难知晓，"本身就有揭秘性，会有吸引力"。

▏▏▏ 看完感觉就是一个大杂院，那就对了

纪录片开拍以前，39岁的张华对故宫的印象还停留在9岁，一面面红墙，还有跑老半天也跑不到头的大广场，"那个大啊，很震撼"。

那是张华接拍纪录片摄像前唯一一次去故宫。他一直觉得那是代表皇权的地方，一介草民去了也没啥意思，看不懂也欣赏不来其中的奥秘，敬而远之最好。

第一次到文保科技部，外墙边时不时出现一排玉米，再往里，杏树、核桃树、樱桃树，到院子中间，西红柿、丝瓜、黄瓜各种蔬菜一撮一撮地扎堆，几只猫时不时蹿出来，张华有点傻眼了，"你就想不到故宫里面还有这种地方。"文保科技部在故宫西北角，那一片都没有对外开放，安静得能听到脚步声，师傅们分别在几个不同的房子里工作，张华感觉从外面看起来就像是一个大杂院，很随意。

但一旦进入到师傅们工作的地方，心理又特别紧张。张华先拍的青铜组，师傅们工作的办公室特别窄，桌子上面摆着各式各样的文物，还有各种修复物件。出于职业习惯，张华总想换机位多拍些角度，脚底下却很难挪动得开。师傅们各干各，也不说话，张华拿着摄像机，想靠文物更近但又不敢再近。

"你想你转个身不小心碰坏一个，可能就是上亿资产啊。"为了安全起见，张华一个人在里面拍，摄像助理程薄闻就坐在门外，随时盯着里面递转镜头。回想起来，程薄闻觉得那个瞬间挺分裂的，里面在做着无价之宝的修复，很紧张很专注的一个状态，外面两边是红

墙，眼前一棵枣树一棵杏树，右边一个大水缸，里面有荷花和金鱼，抬头就是蓝天，偶尔猫凑过来抓着玩两把，"感觉门内外就是两个很不一样的故宫，很神奇"。

最初的二十来天，整个团队都比较痛苦，什么都觉得有趣，什么都想拍，两个摄像组，四个人，每组盯五个技艺组，根本盯不过来，这边青铜组来了新件，那边木器组开始上色。

摄像助理赵均沛回忆，早期大家曾设想能否调一些珍贵的、需要修复的文物过来给师傅们修，毕竟好的文物一向具有收视号召力，但现场发现根本不太可能，"师傅们那种定力在那儿，你不能去破坏他的节奏"。

最早确定的师徒主题也慢慢被否决，钟表组亓昊楠、铜器组高飞这批年轻人来故宫已经10年，业务非常成熟，跟师傅都是各忙各的活，没有太多交流，很难拍出师徒传承的感觉。

在素材不齐备的时候，大家都不太确定最后那根线要搭在哪儿，拍过的素材整理起来一看，还是师傅们琐碎的日常状态有感染力，比如陶瓷组想着退休后买房车、玩滑翔伞的王武胜，铜器组每天骑着电动车去宫外抽烟的王有亮，陶瓷组骑自行车穿越故宫去看展览的纪东歌，书画组絮絮叨叨爱弹吉他、唱《两只蝴蝶》的杨泽华。

还有片子开头出现的"宫廷御猫的后代"，其中一只曾掉进井里受伤，师傅们合着凑了5000元给她治好，后来还她做了结扎。修复师们的工作规矩也引起大家的兴趣。不能化妆、不能加班、不能用光、不能用便捷式充电器，说话不能大声，怕口水弄在文物上，中午都要大午睡。

没有主线，那就先把真实有趣的这些拍出来，"这些人现在的状态就能表达故宫的现在"。张华记得，拍了20多天后，大家开始有些眉目了，也不再考虑师徒制之类的切口，就围着这些人的真实生活状态收集素材。

除了主题，摄像组最头疼的是跟师傅们之间的关系。刚开始接触的时候，师傅们不怎么说话，不排斥你但也不会自来熟。各科室师傅们之间也是一种"淡如水"的关系，需要合作的活就一起帮忙看看，比如片子里开头第一集的万寿屏，五个组一起合作修复，平日大家也不经常串门，工作时间都在忙活打理自己的器物。张华觉得那个氛围整体很静谧，人与人、人与物、人与环境之间，就像一个安静和谐的世外桃源一样。

"感觉我们摄像组就是一个闯入者角色，突然打破了他们之前的那个平衡。"张华说。师傅们一边在修自己的东西，一边得顾着看几眼他们，担心磕着碰着文物，互相也没多话。

为了拉近关系，程薄闻没事就跑到漆器组给师傅们泡泡茶，张华则经常跟着铜器组的王有亮跑到宫外抽烟。钟表组亓昊楠才是最高冷人设，刚开始拍的时候每次打招呼就回三个字，"哦，来了"。然后就是连续几小时的无交流拍摄，一直到一次一起去厦门出差才亲近起来。

那次出差是张华最满意的一场拍摄，拉近彼此关系不说，最重要的是呈现了师傅在宫外的一个状态。在展览上，一款写着故宫珍藏青铜战舰模型钟表引起王津注意，他细细靠近打量三番，会心一笑，说"我在故宫还没见过这样的"。之后台湾钟表收藏家黄嘉竹先生拿出一款维多利亚女王给女儿的怀表，笑着问王津"故宫没有这样的哦"，王津也是点头笑笑。在之后的一段独白里，王津解释说故宫是皇家钟表收藏，小的怀表类可能不多，但在世界上是大型钟表收藏最全的地方，言辞间的职业自豪感扑面而来。

"就是两个世界，外面你再喧哗、争名夺利，师傅们都不会在意，他们唯一关注的就是怎么修复这个国家最好的文物。"张华觉得，这一组镜头让故宫内外发生了碰撞，更能表达师傅们的内心状态。

片子出来后，王津成了大批90后网友的男神。有网友调侃说这是故宫文物修复部门最好的招聘帖，工作在一环，跟顶级的文物打交道，过着四季分明的生活，春天赏花，夏天摘果，秋天看落叶，冬天看雪景。

有人问张华，为什么不拍一点人们在故宫里窸窸窣窣快速穿行的镜头，或者白云飞过故宫上空的空镜，也能凸显时间的流逝。

张华摇摇头。在拍的时候，他也拍过科室之间的3米高墙，那种窄过道给人的逼迫感，以及有些地方走路回音带来的压抑感。"红墙内那种皇权的威严一直存在，但在师傅们的生活周围感受不到。"回想起来，张华觉得文保科技部就像一个静态的大杂院，不同科室就是不同住户，"在里面就觉得很慢很慢，慢是每个人在安静做东西，你老觉得时空是定格的，绝不可能在那个环境里感受到时间的压迫，看完觉得是一个慢悠悠、充满生活气息的大杂院，那就对了"。

浮躁年代里，故宫自带治愈能力

最打动程薄闻的是，在那个环境里，这些人能一直保持这种专注和认真的状态，"说大点就是初心吧"。他曾跟着漆器组闵俊嵘到北京郊区房山的大山里采漆，晚上进山，早上下来，大晚上黑灯瞎火，非常危险。

有次程薄闻问闵俊嵘，"买漆就行，为什么要自己去采？"

"时不时自己去采一次，才能知道漆的不容易，自己调漆、上色的时候才能更节省，对待的时候更认真。"闵俊嵘回答。

纪录片里，镶嵌组的孔艳菊透露，刚来的时候都不知道故宫里面还有个博物院，进来才发现里面的生活跟当代挺脱节的，每天都在重复一些工作，没办法创作自己的东西，有些人也会也会因为无聊离开。

私下，一些年轻人聊天也会跟程薄闻吐槽，工资太低、太枯燥、纠结要不要回老家。程薄闻发现，在故宫，这份工作的适应期需要更长，5年才能上道，10年才算学有所成。以铜器组为例，第一年新人都不能碰文物，只能观摩师傅修复，第二年学怎么拿送铜器，学些简单的技法，第3年、第4年磨技艺、磨性子，第五年心气、技艺都磨得差不多了，安稳下来。

总结起自己的职业，几乎每一个师傅都强调三个字：磨性子。片子里有个镜头，铜器组王有亮在打磨一件铜器，开玩笑说磨了30年还在磨。而片子第一集里，出现了几个王津师傅修铜镀金乡村音乐水法钟的镜头，片子呈现前后就几分钟，但拍摄横跨四个月，"他们的工作是不是用天能衡量的，是按月、按年"。摄像助理赵均沛记得，刚拍的时候，王师傅在修底座那一层，这一月都是那个场景，下个月去发现改修上面的小动物了，再下个月开始休小钟表，再下个月修上面的树……

有次，王津带着摄像组去逛钟表馆，看到自己曾经修过的钟表静态陈列在那里，回头对着镜头说了句，"上满了弦，感觉动起来它就是活的，看着有点心疼，费那么大力修的"。其中一款还是他和师傅在1981年一起修的，当时他还是个学徒，35年过去，修了不少表，如果故宫钟表博物馆5年内不改陈，他说自己就没机会再修这些精品了。说完，镜头里王津对着那些钟杵了好久。

"你就觉得他们特牛，一辈子就心无旁骛做了这么一件事，把表修好，然后自己退休。"程薄闻觉得这才是戳中年轻人痛点的地方，一直说在追寻理想，却很少能在一件事上集中注意力。

这种职业精神让叶君很感动，最后也成了片子里他反复想表达的核心：当下的我们怎么跟自己的职业相处。在王津看完钟表展后，叶君加了一句旁白：我们的职业生涯，能留下点什么给后来人。

"希望看完大家能反思自己的职业和人生，这之间的关系。"叶君说，这些人最可爱的地方在于他们的精神世界很丰富，能扛得住诱惑，出了宫门，在现实环境里，他们跟很多年轻人一样，面临生活的压力。

叶君提到木器组的谢扬帆，家住在东五环，每天来上班要使用电动车、地铁、公交、自行车四种交通工具，中间还要步行一公里，来回差不多需要3小时。

但一进到故宫，这种压力都没了。程薄闻把故宫比作一个疗愈所，外面的浮躁、压力，只要进到这个院子就会被消解。他向《博客天下》形容，"你想象一下，你觉得很累，然后推开门，突然发现大家在打杏子，然后给你分一堆杏抱回去，到了工作间，木器组师傅正在咔嚓咔嚓锯木头，铜器组叮叮当当打磨，书画组哼哧哼哧研磨，钟表组嘀嗒嘀嗒……"

程薄闻把这种疗愈能力归结为传承二字。在职场上，大家都会看着领导上司行动，故宫里的年轻人则看着师傅，每天进宫一看，前辈们都在好好干活，自己也就心静下来了，但在外面的职场里，你看着你的上司，他可能比你还浮躁，突然有一天，他会问你要不要一起跳槽。

张华曾努力想捕捉宫内这种师徒互动的镜头，后来发现这就是一种习惯。去厦门出差，下车的时候，亓昊楠自然而然拿起师傅的包；王有亮拿着梯子往外走，徒弟高飞顺手就接过去。"就是潜移默化的那种感情，很自然，师傅就像一颗定心丸，你看着他就觉得就这样一辈子很好，他就是你的榜样。"张华说。

回忆起那段拍摄经历，张华印象最深的一个画面是：铜器组师傅王有亮两只手来来回回打磨物件，呈现在窗户上，一个半剪影的样子，身体不动，只有两只手来来回回，整整一个下午就这么一个姿势，呲呲呲呲的声音穿过红墙，好像一辈子也磨不完。

（2016.4.22）

"二次元"舔屏，故宫纪录片成"网红"

一部非典型的故宫纪录片，在电视上不温不火，却在B站走红，"完全不给其他国产片留活路"。

文/王玥娇　编辑/王波

故宫甄嬛居所寿康宫开放当日，游客在自拍。

4月6日上午11点左右，故宫文保科技部钟表组修复师傅王津第一次在办公室外碰到了找上门来的粉丝——一个1993年出生的姑娘"兔子"。

此前，为了见到"男神"王师傅，她已经在故宫里折腾了两个小时，走了一万多步，因此成为当天的微信朋友圈运动冠军。

故宫在旺季的开放时间是早上8点半到下午5点，"兔子"提前在网上订好票，开门前就排在第一，成为故宫当天的首位游客。

来北京4年，这是她第一次游览故宫，直接驱动力是纪录片《我在故宫修文物》一片里的钟表修复师王津。在弹幕视频网站bilibili（下称B站）上，这部纪录片被很多网友"二刷""三刷"甚至"五刷"（看了五遍）。

‖ "二次元"硬生生炒红故宫纪录片

1月7日，纪录片《我在故宫修文物》在央视纪录片频道播出，按照修复文物的类别分为3集，聚焦故宫文保科技部的工作人员——一个长期并不为外界所了解的群体。

相比之后在网络上爆棚的口碑，央视首播并未引起太大的反响。

1月9日，央视播出最后一集的当天，网友"澄因"在B站上传了影片视频，之后，同样的视频陆续又被其他网友上传了两三次。目前《我在故宫修文物》在B站的总点击量已经过百万，在豆瓣上的评分也高达9.4分，被形容为"完全不给其他国产片留活路"。

按照B站董事长陈睿在2015年的说法，B站用户中75％是90后，17岁以下的中学生甚至超过三分之一。

作为路人的非会员可以观看，但不能留言、发弹幕。想成为B站正式会员，就要在注册时面对大量脑洞大开的专业问题，比如必答的20道弹幕礼仪题，可以自选知识领域的30道选择题，类似"iPhone20的宣传片邀请了一名使用宇宙力量战斗的战士做代言人，请问这名战士的职业是？"这样的问题，时常让不熟悉二次元的"普通人"无从下手。

注册B站甚至因此成为一项任务，在搜索引擎上输入"bilibili+注册"的关键词，会发现很多热心网友发布的题为"B站会员注册问题6200道答案"的帖子，全方位指导外行顺利注册。

创始人徐逸曾把复杂的注册过程比喻为地下党对暗号，"对得上来，自己人；对不上来，不好意思，再见"，B站用这样的方式筑起了一道立场鲜明的墙：你可以围观，但非同好勿进。

有意思的是，徐逸曾表示不希望网站有太多跟二次元无关的内容，但《我在故宫修文物》的走红就是从这个首页充斥着各种动画番剧的网站开始的，尽管它"由故宫和央视牵头，主创都来自清华大学清影工作室"的背景，听起来和B站格格不入，有人在弹幕里开玩笑："我居然在B站看纪录片。"

所有推荐过这部纪录片的微信公众号，几乎都会提到"B站爆红"这个关键词，有些还会在文章结尾直接甩出视频链接。相比公号一对多的传播方式，微博上"小透明"们的口口相传虽然慢，却因为彼此是有相同爱好的相熟网友，更加真实可信。

"兔子"就是在微博上看到推荐后，吃下了这颗"安利"。过年期间，她在B站一口气看完3集，之后又意犹未尽地刷了好几遍。在这之前，她对"文物医生"这个职业的概念来自小说，"比如《盗墓笔记》"。

和发弹幕的大部分人一样，她原先并不知道故宫深处还有这么一群工作人员，看纪录片时"一下就被迷住了"。"兔子"在北京的部队幼儿园做了4年老师，尽管一直对故宫抱有热情，却因为忙，"而且故宫永远那么多人"，迟迟没去游览。

"去故宫之前，对那儿的印象就是一入宫墙深似海，从此真心是路人。"在向《博客天下》描述时，她开玩笑地将这样的想象归因于"看了太多穿越小说和古装电视剧"。

有类似的知识结构和成长经历，用这种方式了解故宫和文物修复的，不只她一个。影片开头处，有人在弹幕中提起耽美小说《文物不好惹》，引来不少附和，小说的主角就是文物修复师。

还有人在评论区积极推荐网文——"能接受耽美的朋友推荐你们看《红尘有幸识丹青》"，理由是有大量的临仿技术描写，作者文笔细腻、格局开阔，推荐者同时提醒"专业性没有多强"，但"题材新颖，可读性较强"，结论是可以用来消磨时间。

这样的推荐出现在B站再正常不过。厦门大学助理教授杨玲曾推算，中国至少有百万"耽美"文学读者，河南大学学生的一项千人网络调查提供了更具体的读者形象：其中88.6%来自城市，35.3%来自省会城市或直辖市，67.4%的人受过高等教育，其余年龄太小，基本还在接受适龄教育。

高密度的年轻耽美爱好者似乎印证了关于B站最广为流传的笑话——"小学生聚集地"。《我在故宫修文物》的弹幕中几乎没有真正的小学生，但的确有不少尚处在初高中阶段的观众。他们得知这部纪录片的渠道"千奇百怪"，除了通过微信微博，有些是"历史、语文老师推荐来看"，有从《中学生天地》被"安利"的，还有弹幕表示是查单词时在有道词典上看到的。最终，他们都"慕名而来"到B

站"舔屏"，并学到了"焕彩生辉"等新词。

在B站看视频，用户习惯在开头处用弹幕聊些无关痛痒的内容，自己的地理位置、第几遍看……像是正式座谈会开始前的热身。

《我在故宫修文物》的片头综述文物修复的各个分支时，弹幕里不断飘过"我在床上吃泡芙""我在浙江吃饺子""我在东北玩泥巴""我在布拉格写论文"等统一句型，这种开玩笑的报到方式随后甚至引起了真假难辨的"认亲"——有人发出"四川师范大学附属第一实验中学2014级15班"，立刻有一连串弹幕跟上，纷纷表示来自"十五班""八班"，还有人吐槽"老师要求写观后感"。纪录片里正严肃讲述的有关文物修复的知识，完全成了背景，被汹涌而出的弹幕淹没。

而在大学生年龄段里，一位自称"西北大学文物保护专业"的网友，被随后赶来的校友或相关专业学生要求"站住别走"，弹幕因此开始讨论文物保护专业的录取要求，不断有人提问自己的专业是否能进入故宫工作，当然，大多带着玩笑。"学中医的能去太医署吗？""学微电子的能修灯泡吗？"，还有人要求给故宫做APP和网站，"管饭就行"。

一部在电视上不温不火的纪录片，就这样唤醒了很多"二次元"年轻人未能实现的"文物修复梦"。B站网友"打嗝兽"是其中之一。"小时候大家都会对十大未解之谜之类的书感兴趣吧？有种对未知事物的神秘感。"对古董、手艺感兴趣的她告诉《博客天下》。这种好感被她变成爱好延续至今。两年前，她看到微博上刻橡皮章的"大神"的作品，因为"对美的事物天生没有抵抗力"，开始在贴吧找教程，研究软陶、纸黏土、橡皮章之类的手工艺品。"有段时间比较清闲，就天天做，现在会做自己喜欢的图案和设计。"

因此，她对手艺人一直保有敬重，"总担心哪天手艺就那么绝迹了"。

⦀ 差了一辈的年轻人在用自己的方式表达喜爱

在朋友的推荐下，"打嗝兽"看完《我在故宫修文物》时，第一感受是"很惊喜"。

和"兔子"一样，在众多修复人员中，"打嗝兽"最喜欢的是"故宫男神"钟表组修复师傅王津。刷了两遍纪录片后，这个1993年出生的姑娘决定为"60后"修表师傅做一个CUT。CUT一般指从视频中剪出某人出现的所有画面，方便其粉丝单独观看。拥有自己的CUT，往往是高人气的佐证。

第一遍刷片时，因为没开弹幕，"打嗝兽"只找到了一位同好——推荐她看《我在故宫修文物》的那位朋友，"二刷"——打开弹幕，"才发现原来那么多人喜欢他啊！"

为了方便自己和朋友看王师傅，"打嗝兽"在1月24日剪出了第一个CUT，当天就上传至B站。

截至目前，这个时长不到14分钟的小视频收获了1万多点击量，这样的热度完全出乎"打嗝兽"意料。更让她惊喜的是，王师傅的徒弟、同样在纪录片中出现过的钟表修复师亓昊楠，在微博上转发了这个视频，还对"网上的大神"表示感谢。

这条微博很快被前来表白的年轻人攻陷，有人问这种花痴的行为会不会被认真修表的王师傅讨厌，亓昊楠开起玩笑说："可以更猛烈些。"

尽管王津在面对媒体采访时表示收到了粉丝的反馈，并谦虚地将褒奖归因于"大家对钟表的好奇"，但这位55岁的"故宫博物院钟表修复技艺的第三代传人"可能并不真的明白，这群跟他差了一辈的年轻人是为何迷上他，并如何用自己的语言和方式表达喜爱的。

在"打嗝兽"为王津制作的CUT视频中，前面的弹幕都在惊呼"王师傅居然也有CUT了！"随后，"王师傅还缺儿媳吗"这种固定网络句式多次刷屏，面对众多同好，有人高呼"找到组织了"，也有人开玩笑"满屏都是情敌"。只要王津在画面里一出现，屏幕上几乎都会同步弹出"例行表白"的弹幕。

在粉丝眼里，王津师傅的一切都是自带柔光美化效果的"萌点"。鼻音是"苏"，"鹿晗的语调语气跟师傅很像"；外形是"帅"，"像《请回答1988》里的阿泽"，"有那个年代特有的温和的气质，一种说不出的感觉"。不断有人要求"承包"王津的手和笑容，甚至随着剧情推进，弹幕的情绪也随之变化。

王津师徒二人在厦门参加钟表博览会时，台湾钟表收藏家黄嘉竹向他们展示手机里的照片，确认故宫没有同款后说："只要我有两三件故宫没有的，就开心了。"

"跟故宫较什么劲？""这就是商人和学者的区别"……粉丝们替故宫和王津感到被冒犯，立刻旗帜鲜明地鸣不平，有人试图用弹幕解释，收藏家只是在表达自己的激动之情，不必过度解读，但在满屏怒气中，作用不大。

而当王津全程平和地笑着，对镜头表示黄嘉竹老先生收藏不少，可能就是想和故宫"比试比试"，弹幕中刚燃起的一丝愤懑又立刻平息——"还是王师傅儒雅啊！"

弹幕第二次大的感情波动发生在王津带着摄制组游览钟表展览馆时，当他为只能静态展示的钟表感到"心疼"时，弹幕里，"心疼"的字眼满屏幕飞驰而过，"钟表不动起来，感觉王师傅的心血都白费了！"还有人在听到王津的职业生涯走到晚期时表示"泪目"，立刻决定"要再去故宫看看"。

在围观纪录片的过程中，这些"二次元"弹幕里提到最多的，是他们这群人偏爱的网络原创文学作品《红尘有幸识丹青》。当然，也有人表示，"该再回头去看看《甄嬛传》了"。

▌ 他们将一切信息以自己的方式理解再输出

"正能量"和"接地气"可能是《我在故宫修文物》能在B站大火的两个重要因素。在"打嗝兽"看来，这部纪录片最让她感动的地方在于"从师傅们身上看到自己不曾有的一种坚持"。

和她一样，这些年轻的B站用户被"16岁进入故宫学习钟表修复，至今没换过工作"的王师傅打动，熟悉热血漫画的一代人因此发现，原来一生只做一件事不是天方夜谭，而是正被文物修复师傅默默地执行着的日常故事。

《我在故宫修文物》无意中完成的另一个任务，是爱国主义教育。一路"追"王津到故宫的"兔子"把喜欢这部纪录片和《舌尖上的中国》的理由，统一归因于"最中国"又"有血有肉"。评论区里，有人质疑大部分观众盲目跟风，其实并不了解文物保护，立刻被还击："对我们国家的东西，怎么追捧都不为过！"还有人则直接弹幕"就喜欢看这些彰显祖国文化的纪录片，觉得骄傲"。

B站的"小朋友"们依仗互联网的发展，长期处于信息选择应接不暇的状态，这让他们比上一代人更厌恶明显的宣传，而他们中的大多数可能并不知道，《我在故宫修文物》其实是故宫90周年的献礼纪录片，一部名副其实的"宣传片"。

摄制组曾在接受采访时表示，工作人员在故宫里打杏子，"长途跋涉"去抽烟，骑车穿越空无一人的太和殿广场等日常画面，原本会被剪掉，因为"担心观众看了认为他们工作不认真"，但最终出于对90后和00后的了解，决定保留，事实证明，这些画面在观众心里"刷爆了好感"，并且"解说很活泼，很能抓年轻人的心"。不少人"只是想随便看看，不知不觉就看完了一集"。

书画组的杨泽华被称为"话痨师傅"，是另一位人气极高的修复师，休息间隙弹吉他时，旁白介绍他已经50多岁，弹幕立刻飘出："50多？看上去就40！"观众羡慕纪东歌能像溥仪一样在故宫里骑车，看到工作人员打杏子时，大家又开起"皇家杏子"和"舌尖上的故宫"的玩笑。于是有人发弹幕"这其实是故宫的招聘宣传片吧？"立刻得到无数赞同。听到片子里师傅随口说"去寿康宫一趟"，一群人马上表示"羡慕死了"，在他们所接触的影视、文学等作品里，寿康宫是"很霸气"的地方。

不同于无数直接聚焦物品本身的纪录片，《我在故宫修文物》中不时穿插的工作人员的日常，巧妙地中和掉了"宣传感"，让他们在B站观众眼中成为"可爱""生动"的普通人。

弹幕"拒绝严肃"的属性决定了即使旁白在一本正经介绍文物，观众也能用"谜之关注点"将话题带跑偏。在古画的图案中认出"小岳岳（相声演员岳云鹏）"，看到视频里认认真真清理文物上灰尘的师傅跟自己戴着"同款口罩"，把画面中破碎的瓷器叫"皇家尾单"；工作人员谈到青花瓷，弹幕排队"唱"起周杰伦的《青花瓷》；当介绍乾隆留下4万多首诗歌，堪称数量第一时，网友们顿时弹出"作诗狂魔""高产boy""微博达人""万词王"等称呼；修复师们去故宫北苑看新办公室，旁白在介绍地理位置时提到五环，《五环之歌》响彻屏幕——"啊，五环，你比六环少一环"。

这是B站人聊天的方式，也是他们看视频的方式。分析B站的文章都有一个共识，弹幕就是"尽管你一个人在看视频，却仿佛和一屋子的人一起"，掌握了这项技能的年轻人，能将一切信息以自己的方式理解再输出，并不会因为影片的类型和严肃与否而有任何变化，即使他们面对的是正襟危坐的故宫。还有人说，片名应该叫"我在冷宫修皇家手办"。

纪录片播出后，"打嗝兽"心中"远离尘世"的王津，依然每天坐同一路公交车上下班，有一次的确遇到了认出他的粉丝。但在故宫偶遇专程来堵他的"兔子"时，王津依然有些惊讶。

"王师傅，我特别喜欢你，专门来看你的！""兔子"回忆，当时自己激动到语无伦次，把这句话重复了好几遍。在文保科技部门口换了两班岗的门卫和见证她跑前跑后问电话的其他工作人员，也高兴地跟王津解释，有小粉丝来看你了。

这不是王津平时常走的门，"真有缘分啊"，他笑着感叹，和"兔子"闲聊了几句后又主动提出合影。

这个为了"60后"追进故宫的"90后"真切地体会了一次追星的感觉，对故宫的印象也从"庭院深深"变成了"里面的人都特别亲切"。离开钟表馆时，工作人员甚至开玩笑地挽留她："这就走了？再看会儿呗！"

（2016.4.22）

年轻时，名人们曾如何看故宫

同一个故宫，二次元时代的年轻人看到的是"萌萌哒"，旧时代的年轻人看到的却是历史、传说以及沉重的家国。

文/杜祎洁　编辑/卜昌炯

1998年1月1日，天安门城楼正式对游客开放。

青年时代的诗人西川喜欢独自在深夜探访紫禁城。每次他沿着青石铺就的甬道走向紧闭的午门门洞，都忍不住浮想联翩。

"那20多米高的大墙从三面围拢我，我感到我是置身于历史、传说和神秘之中。"他在《想象我居住的城市》一文里写道。

他曾经惊醒过一个蜷缩在午门门洞里过夜的傻子，"他的叫喊声回荡在三面高墙之间"。他还在一个电闪雷鸣的雨夜引来了两个带枪的士兵——他原本幻想着会出现一队清兵或宫女的，因为他听说在这样的天气里，古老的建筑会释放磁波，再现昔日盛景。

这是故宫对一个年轻诗人的精神馈赠，或者说是意象。西川乐于在它禁闭的红漆大门之外，想象这座"中国历史上最大的大地主的宅邸"。那时，他每天骑着一辆二八凤凰牌自行车从正阳门下经过。偶尔，他的视线越过天安门广场，能看到远处故宫的轮廓。但十多年间，他都没有真正踏入。

出生于1963年的西川，在现在的年轻人眼里，无疑是一个旧时代的人。故宫对他们的印象，恰好能反映他们之间鲜明的代际区分。二次元新人类在这座古老的宫院里，感受到的是"萌萌哒""好玩"，想到的是宫斗、《甄嬛传》；在西川那里，它不过是一个"幽灵的栖居之所"。

在西川之前，还有一个个更旧的时代，生活在其间的年轻人看故宫，则又有明显的不同。离皇权越近，人们的家国情怀似乎越浓郁，心情和态度似乎也越沉重。

‖ 色

怨谁？怨谁？这不是青天里打雷。关着，锁上，赶明儿瓷花砖上堆灰。别瞧这白石台阶儿光滑，赶明儿/唉，石缝里长草，石板上青青的全是霉。……顶可怜是那几个红嘴绿毛的鹦哥/让娘娘教得顶乖，会跟着洞箫唱歌。真娇养惯，喂食一迟，就叫人名儿骂。现在，您叫去，就剩空院子给您答话！

1925年1月，时年28岁的《晨报》编辑徐志摩用一首《残诗》来默悼紫禁城的黄昏。他看到昔日的皇宫城门紧锁，汉白玉石台阶上杂草丛生，油漆斑驳的屋檐下，无人投食青玉鱼缸里的凤尾，宫室主人曾经娇惯的鹦哥，空对着昔日繁华的宫闱静默不语。

也就是在这一年10月，紫禁城改为故宫博物院开始对民众开放，自此皇宫不再成为禁城。据老故宫人回忆，开放首日，游客爆满，到处可见被踩掉的鞋子。

拥挤的人潮中，就有后来成为故宫文物专家的朱家溍。那年他12岁，花了一银元，随父母、哥哥、姐姐逛了故宫。他对里面的陈设印象深刻。

"寝宫里，桌上有咬过一口的苹果和掀着盖的饼干匣子；墙上挂的月份牌，仍然翻到屋主人走的那一天；床上的被褥枕头也像随手抓乱还没整理的样子；条案两头陈设的瓷果盘里满满地堆着干皱的木瓜、佛手；瓶花和盆花仍摆在原处，都已枯萎；廊檐上，层层叠叠的花盆里都是垂着头的干菊花。"朱家溍在回忆文章里写道。

昔日深锁的重重殿宇，随着平民百姓的走近，变得真实可感。这时的故宫，虽说名义上已是"博物院"，但人们更倾向于认为自己看到的是一座皇宫——毕竟1年前，末代皇帝溥仪还住在里面。

这一年，27岁的民国散文家孙福熙也在《北京乎》中记录了当时尚有皇家余温的紫禁城："一片绿色中远见砖砌的城墙隐现，而黄瓦红墙的城楼并耸在绿叶的波涛中，我能辨别这是正阳门，这是紫禁城与别的一切。"

这或许是关于故宫最言简意赅的描述。故宫红黄绿的三原色是明清两代城市之美的浓缩，贯穿了北京城绵延约8千米的中轴线。

作为老北京中轴线上最重要的建筑，"紫禁城"取紫微星居于天地中心之意。太和殿、中和殿、保和殿为外朝，乾清宫、交泰宫、坤宁宫为内廷，从南到北依次排列在中轴线上。

中国古代善于用颜色来表达权贵。在溥仪的童年记忆里，故宫的色调单薄而统一。他看到最多的颜色就是明黄色。黄色的琉璃瓦顶，黄色的轿子，黄色的椅垫，连吃饭喝茶的瓷制碗碟、包盖稀饭锅子的棉套、裹书的包袱皮、窗帘、马缰等，都是黄色。唯有宫墙被漆成了红色。

而在那个基本以黑白为底色的年代，故宫的明丽色彩给普通人留下了最初的视觉冲击。耳顺之年的刘心武依然记得少年时期读到的一句诗——半城宫墙半城树，认为这是对故宫的真实写照，"朱红的宫墙，明黄的琉璃瓦，浓绿的松柏及其他树木，在蓝天下绘制出动人心魄的画卷"。

这种感受朱自清也有。他一直记得乘坐飞机从高空第一次俯瞰故宫的体验："那一片黄琉璃瓦，在晚秋的夕阳里，真美。"

▦ 形

1950年，8岁的刘心武随家人一起从四川搬到北京。一天，他和父亲乘坐人力车转过沙滩，接近景山和神武门时，他突然挣着身子大叫起来："爸！爸！"

那是他第一次看见故宫，"都以为我出了什么事，其实，我只是被眼前呈现出的景象惊住了"。对于旧日帝王宫殿御林的敬畏，他表现得强烈而直白。

在作家林语堂笔下，紫禁城如同伊甸园里的苹果，充满了圣洁和神秘色彩，禁锢起来的是诱惑和完美。

他对故宫的第一印象就是宁静，"宁静，是我选择用来描述建筑效果的词儿；它与哥特式教堂的令人振奋向上的精神形成对比"。在他看来，欧洲的宫殿像一个平行封闭的军队列阵，一个宫殿就是一座完整建筑；北京的宫殿却像展开的、分别进行的队阵，遵循了一家之内分屋别室的观点。

他震惊于这座帝王宫殿建筑呈现出来的结构、线条、比例之美，认为它们直接源于中国书法中的美学修养——刚柔相济，宽猛相兼。

传说紫禁城有九千九百九十九间半房子——因为天宫的房子是一万间，天子居住的皇宫只比天宫少半间。而在现实中，紫禁城可统计的房子只有八千八百余间。故宫之大，连常年穿梭其间的文物修复师们也未必逛完了这八千余间的景致。而一样的地方，不同的人从不同的视角审视，获得的感受也截然不同。

唐弢、赵清阁都是用了3天时间才参观完，兴致也在冗长的时间里变得索然。

在民国才女赵清阁眼中，紫禁城不过是一座方方正正的大四合院里套许多小四合院而已，是帝王的家，也是一个皇族小社会。1948年10月8日，34岁的她用了一下午时间参观了南路和西路之后，已是日暮黄昏，"两腿也快软瘫了"。除了流连驻足于字画古玩和"小巧玲珑"的御花园，其他宫殿"都是四合院形式，院中荒芜失修，草长盈尺"，大多一些"皇帝御用之物，没有什么价值"。

唐弢的文章里，这个想象中无比高大上的场所，也不过是"宫院栉比，名目甚繁，大抵后妃寝处，互有竞饰而已"，"虽然建筑得金碧流辉、巍峨壮丽，但在凝重静穆的氛围中，却不免包含令人压抑的单调、呆板而又枯燥的气息"。

然而，即便在这样一个地方，年轻的汪曾祺也能自得其乐。1948年，28岁的汪曾祺赴北平，后经沈从文推荐，自1948年夏天到1949年春天任职于午门的国立历史博物馆。在他眼里，天安门、端门只是宫廷的"前奏"，午门才是真正的"宫门"，神秘庄严的三大殿多亏这衣裳领子在当中一隔才显得深不可测。在旧戏中，午门又称五凤楼，也是皇宫的代称。

文物工作是一份需要沉下性子、耐住寂寞的工作。纪录片《我在故宫修文物》里，寂寥的文物修复师唯一的玩伴就是散落在砖墙院落里的几只御猫鸟雀，要么就是去打杏子。

汪曾祺自称整天过着"抱残守缺"的清闲日子，和一些价值不大、不成系统的文物打交道。白天检查仓库、更换说明卡片，翻翻资料；下班后到左掖门外筒子河边看卦摊的算卦，看沿河的人叉起二尺来长的黑鱼；晚上天安门、端门、左右掖门大门紧闭，他就回到原是锦衣卫值宿的宿舍看书，四下万籁俱静。

"我有时走出房门，站在午门前的石头坪场上，仰看满天星斗，觉得全世界都是凉的，就我这里一点是热的。"汪曾祺在《午门忆旧》一文中写道。这个热爱文学的年轻人，并没有被这座古老宫院累积的暮气所浸染，相反，这里却成了他的读书胜地。

⫴ 气

人们对故宫的复杂情感总是随着时代的变化而变化。

互联网时代的年轻人，不用亲临现场，通过视频、图像等就能走近故宫的每一个角落，并擅长一种叫解构的技能，对故宫的一草一木进行弹幕式的抒情。他们不太追溯历史，只活在当下。

但在几十年前，国家还不怎么太平的年代，萧索的故宫极易把年轻人带往忧国忧民的情绪中去。战乱频仍，新旧交替，象征权力与国力的旧日宫殿，成了时代兴亡的意象。

1919年，正值军阀混战和民族救亡的高潮。24岁的张恨水进京，此后基本长居京城。每逢日薄西山，踟蹰在故宫前后，望见千百成群的宫鸦聒噪着掠过故宫、掠过湖水、掠过树林，纷飞到北海琼岛恰似怒龙伸爪的老树上来，他都会顿生"荆棘铜驼的感慨"，进而沉醉于民国文人的怀古幽情之中：

> 北平深秋的太阳，不免带几分病态。若是夕阳西下，它那金紫色的光线，穿过寂无人声的宫殿，照着红墙绿瓦也好，照着这绿的老树林也好，照着飘零几片残荷的湖淡水也好，它的体态是萧疏的，宫鸦在这里，背着带病色的太阳，三三五五，飞来飞去，便是一个不懂诗不懂画的人，对了这景象，也会觉得衰败的象征。

这些鸦群在风清日丽的时候并不知所往，必须待到太阳下山才会聚集吵闹，或在是阴云密布、寒风瑟瑟的日子，终日盘旋在故宫各个高大的老树林里。

"我总觉得，在这样的天气下，看到哀鸦乱飞，颇有些古今治乱盛衰之感。真不知道当年出离此深宫的帝后，对于这阴暗黄昏的鸦群作何感想？也许全然无动于衷。"张恨水写道。

　　这片宫鸦盘踞之上的红墙琉璃瓦目睹了24个王朝的盛衰废兴。1934年，伪满洲国在日本关东军的扶持下在长春恢复帝制，末代皇帝溥仪再次登基，当上了康德皇帝。这一年，36岁的郑振铎由神武门入故宫博物院，处处觉得寂寥如古庙，毫无生气。园内所藏重要古物都已南迁，游人寥落。他不禁遥想在还是"帝王家"的近代，聚集了几千宫女、太监们的男旷女怨也必是"戾气"冲天的。

　　此时的三大殿虽然被搬空，却依然宏伟威严。一列一列雕镂着云头的白石栏杆和雕刻得极细致的陛道，让郑振铎禁不住驻足流连，一幅李公麟的《击壤图》也够他消磨半天。在殿廊上，下望白石的丹墀（古时宫殿前的石阶），他说："你如果富于幻想，闭了眼，也许还可以见那静穆而来的随来的班朝见的文武百官们的精灵的往来。"

　　成日穿行于故宫的殿堂之间，长年穿越古今、和文物对话的文物专家朱家溍也时常被周围的景象置于历史的洪荒中。不过他考虑的却是另一个话题："做皇帝的人，为什么住这么多房子？……他不就是终身幽禁在这几道高墙里面吗？住的真也不算多。几个城墙圈子以外，有多大的天地，恐怕他还是茫然呢。以这样的人握住一国人民的命运，简直是瞎子摸海。"朱家溍被称为"文物界的国宝"，在故宫博物院工作了57年。纪录片里出现过的那把重要的髹金雕龙大椅，就是他在太和殿恢复原状陈列的过程中发现的。

　　跟一群善于抒情、时常感伤的文人墨客相比，军阀出身的蒋介石面对故宫时，显得豪迈而充满血性。那是1928年，他终于"北伐"成功后，专程抽空去看了一眼这座他心驰神往的皇家宫殿。在得知清末小朝廷时期，京剧大师梅兰芳曾应邀入宫在漱芳斋为溥仪唱戏时，他说了这样一句话："如果天下太平，我也要在这里连唱三天戏。"

只是，他没能等到这一天，而这也是他人生中唯一一次进入故宫。

作家汪曾祺曾任职于位于午门的"国立历史博物馆"。

（2016.4.22）

故宫不只萌萌哒

一群有着深度网瘾的80后正试图赋予这座600年历史的古老宫殿新的想象力。

文/晋良子　编辑/汪再兴　图/尹夕远

2015年1月，故宫新媒体团队成员在紫禁城寿康宫门前合影。图中右一为于壮，右二为庄颖。(故宫供图)

与追求快速研发、高利润的互联网商业原则相反，客户庄颖对北京柠檬岛互动设计顾问公司市场总监张瑞下达APP设计任务的第一要求是准确和精致。2015年年初的一天，在中央美院附近一栋写字楼里，26岁的张瑞目不转睛盯着办公桌面的电脑，桌上堆着一尺多高各式各样和文物相关的书籍。电脑屏幕上打开了一份由设计人员刚刚发给她的客户修改稿。那一天，张瑞的电话、微信和邮件的提示音此起彼伏。

张瑞自己都记不清她是第几次修改这款APP了，自从一年前接了庄颖的项目，她大部分生活和工作重心都转移到这项工作中。转眼一年过去，虽然她认为，现在开发出来的产品已经比较成熟，但到底还要再调整多少次才能满足庄颖的严苛要求并最终上线，她心里仍然没有底。张瑞告诉《博客天下》，她的团队以往开发别的APP只需要两个月左右的时间，但这个项目如此劳心费神，最主要的原因是，雇主庄颖是从"宫里"来的。

在此前3年里，故宫连续开发了多款新媒体产品，其中有以介绍故宫文化的展示类应用，例如《胤禛美人图》及《紫禁城祥瑞》两款官方APP应用，前者以清雍正时期的《胤禛美人图》作为基础，从美人妆容发饰、室内家具装潢、摆放器物陈设、图案隐含寓意各角度介绍了清宫妃子的生活；后者则选取了故宫的龙、凤、瑞象、狮子等"祥瑞"，介绍相关文物及相应的宫廷、祥瑞文化，并有DIY瑞兽的环节。故宫另一款火爆网络的新媒体产品是有关儿童教育的益智类游戏APP《皇帝的一天》。游戏中，孩子们可以在乾清门外的小狮子的带领下，了解清代皇帝的一天12个时辰如何度过。在互联网上，故宫出品的这些新媒体产品颠覆了以往故宫在人们心中古老、神秘且正统的传统形象，这座有着600年历史的古老宫殿开始变得更萌、更被这个时代的人们接受。

故宫来的新媒体人

张瑞是北京柠檬岛互动设计公司的市场总监，也是这家公司的项目总监和COO（首席运营官），公司的大小事务主要都靠她打理。客户庄颖则来自北京故宫博物院的新媒体团队。

2010年前后，中央美院副教授彦风成立了柠檬岛互动设计工作室，工作室研发的第一款产品就是《中国古典家具》APP，为了开发这款产品，他们专门前往民间收藏家马未都的观复博物馆调研了半年。也正因为《中国古典家具》的一炮走红，才让想做APP的故宫团队主动找上了柠檬岛。

接了故宫项目后，在2012年秋的一天，家住北京的张瑞第一次从故宫的西华门进宫。故宫西华门是清代帝后游幸西苑、西郊诸园时进出的宫门，也是当时连接宫城与皇城的重要枢纽。现在普通游客进入故宫游览只能从午门进，神武门出。

据媒体报道，2002年时游客能到达的故宫开放区只有30%，此后故宫不断扩大开放区域，截至2105年底，游客们能参观的地方也只占故宫总面积的65%。张瑞要拜访的地方正是位于35%的非开放区内，她走进西华门后左拐，沿红墙一路向北，兜兜转转来到慈宁宫与寿康宫之间的一处小院，院里是一排由红色窗棂和黄色琉璃瓦建成的平房，也是故宫新媒体团队的办公场所。

在这里接待张瑞的人就是故宫首款官方APP项目的负责人庄颖，后来张瑞又在这里认识了故宫资料信息部数字展示一组的负责人于壮。

于壮所在的故宫资料信息部数字展示一组成立之初主要是负责故宫官方网站的建设与维护，随着互联网技术革新，数字展示一组里的年轻人的工作内容也随之发生转变，近几年故宫新推出的官方微博、微信以及各类APP都由包括于壮在内的10人团队完成。

《博客天下》记者与于壮第一次在故宫内见面的时候，这位年轻人以玩笑的口吻介绍自己与故宫的渊源，"我2003年大学一毕业就进宫了"。于壮今年35岁，但已经算是这个团队的老人了。

32岁的庄颖记得，2008年自己进宫的时候，这个部门的平均年龄是27岁，此后几年间，更多的应届生来到宫墙之内，这个部门也成为故宫里年轻人最聚集的部门之一。

北京故宫博物院由文化部主管，是副部级全额拨款事业单位。这群玩转新媒体的年轻人在体制内也都有自己对应的级别。比如于壮的职务是科长，但在平时工作中，下属们却很少直接喊他"科长"。生活在故宫里的新媒体人并不习惯体制内的称呼。庄颖对《博客天下》强调："我们跟外面互联网公司里宽松、随意的工作氛围没有区别。"

但如果你足够细心，还是能够看出宫墙内外的细微差别。在有着将近600年历史的宫殿内工作，这群追求潮流的年轻人也备受传统文化浸染。

他们会把进入故宫工作简称为"进宫"，平时他们提到故宫时都称"我宫"。他们也看热播的清宫剧，但与普通观众不同的是，很多时候他们会指着荧屏上的《甄嬛传》吐槽："按照清宫的规矩，雍正不可能是这种生活方式啊！还有这衣服穿得都不对！"

2008年，庄颖从北京外国语大学美国社会文化专业硕士毕业，当时她的大多数同学都进了外企，而当她向别人提及自己要去故宫工作的时候，对方第一反应往往是：你一个学英语的毕业生去故宫那种地方能干什么？庄颖告诉《博客天下》，参加故宫面试当天，她走进西华门的一刹那，就闻到了百年古建筑特有的味道，"那一刻我就认定了故宫是我最向往的工作"。

刚进宫的时候，庄颖只有25岁。她的主要工作是故宫网站的英文编辑，每天的工作任务是要把故宫的藏品说明等资料翻译成英文，同时还负责故宫的一些外事接待工作。

庄颖工作上的变化发生在2012年前后。当时，她所在的故宫资料信息部数字展示一组的年轻人们一面自己玩APP，一面开始考虑是不是也要到这个新鲜的平台上来做故宫的形象推广和观众服务。庄颖发现，大多数的年轻人根本不会到故宫网站上去浏览，他们更习惯使用手机来了解这个世界，所以"用户在哪儿，我们就去哪儿"。

俘获新用户的心只是故宫里的年轻人决定做新媒体的部分原因，更深层次的动力是他们渴望还原故宫作为"博物馆的本质"。

已经在故宫工作12年的于壮有他自己对故宫的观察："很多游客来到故宫只是走马观花地看看古代建筑，逛逛御花园，瞧瞧皇帝主政和睡觉的地方，很快就出去了。他们很少会关注到深宫里还珍藏有稀世珍宝。"

据故宫官方公布的数据显示，故宫收藏了现有藏品1807558件，其中珍贵文物1684490件。尽管现在这座由明代第三位皇帝朱棣修建的宫殿每年都会开放很多线下的常设展览和特殊主题展览，但与故宫馆藏总量相比，能够在线下展出的藏品显得微不足道。此外，故宫收藏的很多珍贵文物需要在特殊环境下保存，普通观众并不容易一睹真容。

一个例证是，现藏于北京故宫博物院的宋代《清明上河图》，它每展出一次后，就要"睡三年"。故宫制定这项规定的理由是"纸寿千年"，意思是纸张的寿命有限，即便每次展览保护工作做得再好，纸张每次展开也都是会有摩擦的，为了不被疲劳地使用，必须在每次展出之后让这些名画充分地休息。据媒体报道，2010年上海世博会时就因为《清明上河图》没"睡"够，故宫没给这个"面子"。

于是，于壮设想，或许开发移动应用产品可以在一定程度上解决线下产品展览的难处。

▥ 初尝甜头

2012年1月初，故宫来了新院长单霁翔。这位新来的院长开始大刀阔斧地对故宫进行改革，这项复杂的改革计划细致到包括屋顶上不能有草、地面不能有垃圾这种小事。这位新来的院长对故宫新媒体团队提出的要求是："故宫博物院要向世界四大博物馆看齐"。（世界四大博物馆分别是：英国大英博物馆、法国卢浮宫博物馆、俄罗斯艾尔米塔什博物馆及纽约大都会博物馆。）

在新院长的支持下，资料信息部数字展示一组的年轻人决定开发故宫的新媒体产品。此后，他们灵机一动的想法逐步形成一份严谨、成熟的文字提案，并向上层层汇报。故宫博物院的主管领导给这群年轻人做新媒体的意见是，"支持，但要谨慎行事"。

庄颖幸运地成为故宫第一款APP的负责人。2015年4月12日，在北京侨福芳草地的咖啡厅里，庄颖对《博客天下》记者回忆，为什么是她成为故宫第一款APP的负责人，她认为："可能他们觉得我是互联网产品的深度用户吧，我平时上网也上得很凶。"

2012年开始负责故宫第一款APP项目时，庄颖刚来故宫不到4年。她报给领导的APP初步方案是从"小切口"入手，即一款APP就深入表现故宫的一件藏品。

由于看中了张瑞所在的柠檬岛互动设计公司此前研发的《中国古典家具》APP里对中国传统文化的精妙呈现，庄颖把故宫第一款APP交给了张瑞来开发。双方经过探讨，最终确定选择以《十二美人图》作为这款APP的主要内容，这件现存于故宫的藏品内容是雍亲王胤禛在圆明园居住时的12幅屏风，作品以单幅绘单人的形式，分别描绘12位身着汉服的宫苑女子品茶、观书、沉吟、赏蝶等闲适生活的情景。

2012年，当时国内已经有一些博物馆尝试过开发类似的移动应用产品。因此庄颖给张瑞提的要求是，一定要比别的博物馆做得更好。"最大的压力来源于人家已经有了，你怎么才能做得更好。故宫在博物馆界的地位，在它的数字化表现这块也是应该有所体现的。'故宫出品'是一个品牌，这个品牌下边的东西要对得起这四个字。"庄颖说。

经过一年多的研发工作，2013年5月，故宫官方出品的首款APP《胤禛美人图》正式在APPStore（苹果应用商店）上线，两周后，这款APP下载量便超过20万。2013年年末，这款iPad应用入选APP Store2013年度精选中国区优秀APP。

初战告捷，故宫新媒体团队里的年轻人又陆续研发了多款涉及藏品展示和儿童益智教育的APP，包括《紫禁城祥瑞》《皇帝的一天》《韩熙载夜宴图》等。故宫出品的系列APP也被用户和媒体打上了"良心之作"的标签。

2014年3月底，于壮告诉《博客天下》："大家都觉得做APP对博物馆来说挺难的，其实技术并不是难点，我们成功开发的每款产品都不是依靠技术的创新，相反，我觉得文化资源内容的转化是最难的。"

于壮举例，他们开发的一款适合9至11岁儿童玩的益智教育游戏

《皇帝的一天》上线后，很多网友大呼"好萌"，但他更看重的是，作为一款针对孩子的应用，如何在让孩子们爱玩的同时，增加一些寓教于乐的功能，此外还要避免说教。"我想'萌'只是故宫新媒体形象中的一个组成部分，故宫新媒体团队的产品也不能一直就这么卖萌下去，我们也在不断地探索。"

在于壮和庄颖看来，尽管宫外的商业设计公司在开发APP上更有经验，但是如何保证最终的产品符合故宫的气质，则需要由他们来严格把关。

为了提高自己对故宫文化的了解，庄颖每周会抽出两天时间专门去故宫博物院举办的两次满文课，她现在的满文已经达到了中级水平，有时候，她还会在微信朋友圈里晒晒学习成果，比如"奉天承运皇帝诏曰"用满语怎么说。此外，故宫里还有各种各样的专业讲座，无论是自己感兴趣还是工作需要，他们都会经常去学习。长期以来在故宫内的文化浸染，让他们非常清楚故宫"是什么"和"有什么"。

故宫新媒体团队里的年轻人的专业背景十分复杂，有艺术、考古、中文、英文和平面设计等，虽然进宫前他们从来没有做过APP，但丰富的学科背景使他们迅速具备了使用新媒体技术准确传达故宫藏品魅力的能力。

在开发新媒体产品的路上，故宫新媒体团队的年轻人也不断努力学习和调整，他们会关注自己领域在新媒体展现上的最新动态，遇到好的案例则会通过微信工作群与其他伙伴分享或者讨论。

难为情的反复修改

2014年年初，张瑞再次收到了来自庄颖的邀约，此前已经在新媒体产品开发上尝到甜头的故宫新媒体团队打算做一款与他们此前开发的应用都有所不同的"新东西"。那个时候，于壮经常在团队里强调："我们拿出去的产品一定要有差异化，不能总是按照同样的模式重复做一样的东西。"

此前故宫出品的几个APP都只有iPad版，至少要占用上百兆的存储空间，除了《皇帝的一天》是儿童益智类游戏外，其他几款均为欣赏类APP。这一次庄颖告诉张瑞，故宫想做一个手机端发布的工具类应用，并且希望它能够长期留在用户手机里，不仅好看还要实用。

明确了故宫的需求，柠檬岛互动设计公司开始制作提案。张瑞前后提案进行了四五次才最后确定。经过庄颖和张瑞一次又一次地"碰撞"，最终确定的方案是做一款名叫《每日故宫》的日历产品，这款APP产品每天展示一件故宫的藏品，同时拥有记事等附加功能。

方案确定后，柠檬岛开始制作报价单及合同条款。故宫博物院作为公益类事业单位，在财务支出上有非常严格的流程。为此，张瑞反复提醒自己的团队，在报价上一定要非常细致严谨，每一笔款项都要明确列出。

故宫的每款新媒体项目在洽谈阶段都要有个"三方询价"的过程，设计公司报价之后还要接受审计。张瑞记得，她在2014年夏天最热的时候跑了好几趟故宫，就是为了接受故宫财务处和第三方审计的"面审"。

这个审计流程耗费了张瑞一个月左右，再加上她反复修改设计方案和故宫层层报批，到最终与故宫签订APP项目合同时，时间已经过去了将近半年。

此后，就进入了一个更为漫长与复杂的项目实施阶段。2014年秋的一天，张瑞给庄颖发来了第一版测试Demo（小样）。收到这版测试Demo后，庄颖叫来了故宫新媒体团队的其他成员一起讨论，会上年轻人各抒己见，一番头脑风暴后又形成了许多反馈意见。此后的半年里，这种类似头脑风暴的会议在故宫新媒体团队里开过多次。每一次结束后，庄颖都会用邮件把团队给出的修改建议发送给张瑞，必要的时候她也会把张瑞找来面谈。

张瑞告诉《博客天下》，故宫团队给出的修改意见都是针对一些非常具体的细节问题，比如，《每日故宫》这款APP日历上日期数字的图案样式会对比很多版后才确定最佳方案，哪怕一个小小的图标都会改很多遍。有些内容之前原本已经确定，可能在下一个测试版时，故宫新媒体团队又有更好的想法，那就会再做新一版出来，如此反复。

反复修改的结果是，庄颖的电脑桌面上多数时候同时存放着文件名为"修改版1""修改版2"的文件，还有一些是不知道被改过多少遍所以被命名为"修改无限版"的文件。

庄颖说，之所以要如此精细打磨，原因在于自己展示出去的任何东西都代表着故宫的门面。"我们平日发一条微博都要层层审核好几遍，生怕一个图或者一个字出了什么错。"

另一方面，设计过程中近乎偏执地追求完美，缘于这帮年轻人对故宫的热爱，庄颖说："文化这个行业本身是很穷的，待遇薪水不可能很好，这么多人留在这里认真工作很多年，最重要的一点是我们真的喜欢这个地方。我们在日常的工作中看了那么多漂亮藏品，那么我们开发的产品也一定要对得起这些藏品，努力把它们最美的一面分享给人们。"在庄颖看来，这种对美的分享是激励大家往前走的动力。

尽管故宫内有180万件藏品，但对故宫新媒体团队而言，每天要从中选出一件放到《每日故宫》上来展示，仍然是一件颇为头疼的事情。在挑选展出的文物时，庄颖的原则是，选中的藏品既要非常有价值，同时还要适合放到手机上做视觉呈现，"有些画卷虽然视觉效果非常有冲击力，但我们认为它可能在绘画技法上没有什么突破，艺术价值不高，就不会选择把它放到APP上，另外还有一些文物价值非常高的藏品比如石鼓，拍成照片却毫无美感，也不能入选。"

在《每日故宫》的研发过程中，除了故宫新媒体团队和柠檬岛团队之间的不断碰撞，庄颖还会把测试Demo发给文物专家和上级领导审核。一次，故宫一位负责展览的领导看过测试版之后，表示希望可以增加"院内展览讯息"这项功能，庄颖又赶紧通知张瑞增加新的功能。

庄颖说："让设计方改设计是件很伤感情的事情。"刚做APP项目时，向对方下这样的指令常让她难为情。直到后来，她才逐渐学会了如何更好地与乙方沟通，"大家的目的都是解决问题，对于双方来说，反复修改都是一个很痛苦的过程，但在最后拿出优秀的作品时，每个人都会很有成就感。"

好项目同样需要好的营销手段。2014年8月，一组名叫"雍正：感觉自己萌萌哒"的动态图在网络上迅速走红。图片以《雍正行乐图》为基础，让图中雍正帝抚琴、搏斗和垂钓等场景动了起来，再配合轻松活泼的文字说明，引发了众多网友的热烈评论，也让故宫一下子在社交媒体上火了起来。

于壮说："这组图最早是在'故宫淘宝'微博账号上发布的，是故宫另一个部门想出的创意。我们在做APP推广时也会借鉴这种方式，以前故宫对游客展示形象的方法是用展牌讲历史，而现在在新媒体上看重的是你讲故事的能力。"

　　之前故宫出品的几款APP往往没有明确的上线日期，尽管有一定的时间规划，但一旦出现速度与质量矛盾的时候，故宫宁愿慢下来甚至返工，只为了能"慢工出细活"，以至于大多数APP的制作周期都在一年左右甚至更久。但是这次的《每日故宫》是个日历产品，原定计划是一定要在2015年元旦上线。

　　然而直到2014年12月底，《每日故宫》APP中的一些第三方接口依旧没有调试好，有些交互体验也不够顺畅，这让庄颖和张瑞他们陷入了深深的焦虑甚至绝望。庄颖说："当时大家考虑如果出一款不好的东西，那还不如不出。"于是，为了实现最佳的产品效果，《每日故宫》的上线时间又被推迟到2015年春节前夕。

　　2015年2月12日《每日故宫》iOS版上线当天，张瑞紧张地守在电脑前，而庄颖和她的团队则出现在《每日故宫》的上线发布会的现场。因为APP Store会因为时差发生一些问题，为以防万一，早在前一天，故宫新媒体团队就已经把这款APP程序悄悄上传到了APP Store后台。这也是此前成功开发几款APP项目给庄颖的经验。

　　APP上线对于《每日故宫》这个项目来说只是刚刚开始。除了要像其他APP那样需要定期更新版本以外，日历的属性决定着开发团队要持续不断地进行运营维护。现在，每个月庄颖都会提前把此后两三个月要展示的藏品信息做成表格发给张瑞，柠檬岛互动设计公司则会根据庄颖的要求提前做出Demo，再交给故宫新媒体团队进行校对与审核。

　　张瑞告诉《博客天下》："事实上，5月份前《每日故宫》日历上的藏品内容早已经提前做好。这样的更新工作也会一直持续下去。好在故宫有180万件藏品，轻易也不必担心资源枯竭。"

　　产品上线后的用户反馈也在不断鞭策着两个团队。上线至今，

《每日故宫》仅在APP Store上就收到了800多条评价，大多数用户在赞美之余都会加上几句建议，比如希望增加更多的文物介绍、分类收藏功能和3D效果等等。

故宫APP用户里还不乏"民间高手"，比如有用户在《每日故宫》APP下的用户评论里反馈"古琴放反了"。庄颖告诉《博客天下》："我经常在故宫官网的邮箱看用户留言，有时候有人会写一整篇论文来告诉你，故宫网站上哪个字用得不对。"所以庄颖非常清楚，给故宫做互联网产品一定要格外谨慎。

来自用户的反馈除了带给庄颖激励，也有让她感到委屈的时候。2015年春节期间放假在家的庄颖看到，一位网友在APP Store里《每日故宫》页面下留言："一看就是事业单位吃饱饭不做事的人干的。"这位女孩随后在自己的《每日故宫》APP随笔里感慨："尽管身经百战，但心里居然还是小小万马奔腾了一下。"

在为故宫开发新媒体产品的过程中，这群年轻人也收获了成长。庄颖说："这种成长的收获不见得可以用来换面包，但是我很喜欢这种收获。比如，我刚毕业的时候去陶瓷馆什么也看不懂，知道宋代有五大民窑，可是它们长什么样完全不清楚。但现在我带人去陶瓷馆的话，大概可以给人家讲一讲了。"2015年4月9日，《故宫陶瓷馆》iPhone应用正式发布，同样来自庄颖所在的团队。

2015年1月，故宫院长单霁翔在一次接受上海媒体采访时概括了故宫这座古老博物馆在新媒体世界里的斩获："截至2014年8月，故宫博物院共设计研发文化产品6746种。除了实体产品之外，文化创意产品的另一种形式就是故宫的新媒体和数字化建设。"

于壮说，今后故宫的APP肯定还会持续做下去，但也许不会再像以往那样短时间内推出好几款产品，会慢下脚步去想一想今后的方向，他希望为故宫建立一个数字社区，让用户沉淀下来。"用户登录社区平台后能够获取各种各样的服务，可以去商城，可以下载APP，也可以查看资料。"

在国外，类似故宫的博物馆七成收入来源于文化创意产品，三成依靠门票，而在2013年以前，故宫博物院还正好相反，七八成收入仍然依靠门票。但现在情况已经有所变化。

在淘宝上，名叫"故宫淘宝来自故宫的礼物"网店已经是一个拥有五皇冠等级、关注人数19.3万、好评率超过99.22%的优质账号，店内售卖着价格为15元的尚方宝剑笔、39元的御前侍卫便签夹、99元的帝后大婚首饰盒和280元的朝珠手串等超过100种反映故宫主题的文创产品，其中一款龙袍图案的iPhone手机壳在2015年4月份的销量达到"1873笔"。新媒体让这座有着将近600年历史的宫殿在商业领域也焕发出新的生命力。

新媒体上的故宫形象

1. 移动应用产品

生活工具：《每日故宫》，故宫博物院官方出品的首款手机应用，这款APP以日历的形式每天展示一件故宫的藏品，同时拥有记事等附加功能。

儿童益智游戏：《皇帝的一天》，一款针对儿童的插画风教育互动APP，主要以游戏的方式进行，结合清代皇帝的日程表设计了一系列趣味小游戏，同时包含大量清代文史知识。

皇家文化展示：《紫禁城祥瑞》，以精美的绘图独家揭秘紫禁城里的祥瑞符号，带人们领略宫廷珍宝上的皇家文化。

藏品欣赏：《胤禛美人图》，故宫博物院出品的首款APP，以《十二美人图》作为内容原型。《韩熙载夜宴图》以"中国十大传世名画"之一《韩熙载夜宴图》为原型，再现了这幅南唐末年的经典名作。《故宫陶瓷馆》以"时间长轴"为骨架，串起文华殿陶瓷馆在陈的400多件藏品，每件藏品都有清晰图片和专家介绍。

2. 故宫官方网站

3. 电子商务

淘宝店"故宫淘宝来自故宫的礼物"：店内售卖超过100种从几十元到几百元不等的反映故宫主题的文创产品。

4. 社交媒体

微博：故宫博物院——故宫博物院官方微博，现有150余万粉丝，微博内容主要包括故宫文物藏品展示、紫禁城风貌和观众活动资讯等。故宫淘宝——故宫文化服务中心认证微博，现有5万余粉丝，主要职能是推广故宫文化创意产品。2014年8月，故宫淘宝微博账号首发一组名叫"雍正：感觉自己萌萌哒"的动态图，此后这组图片在社交媒体上迅速走红。

微信：服务号"微故宫"——故宫博物院官方微信，主要功能是博物馆文化推广与公共服务，包括"访建筑""品展览""紫禁城物候"等内容。订阅号"故宫淘宝"——擅长用讲故事和"卖萌"的方式推广故宫文化创意产品。

故宫新媒体团队的办公地点位于紫禁城内慈宁宫与寿康宫之间的一处小院。

新媒体团队的年轻人办公场景。

（2015.4.24）

第

六

章

互联网加上了大熊猫

上个世纪，熊猫被装进笼子，世人想看有些难；这个世纪，熊猫被加到网上，24小时直播，随时看随便看。

文/张静　编辑/王波　图片来源/熊猫频道

熊猫频道在成都大熊猫繁育研究基地的直播播控平台。

撕扯、舔舐、坐卧不安，焦灼的"茜茜"在"产房"里的一举一动，都揪着中国网络电视台（CNTV）一群工作人员的心。

他们已经蹲守在摄像机前静静等待3天了，眼睁睁看着熊猫"茜茜"的临产前兆越来越明显。陪他们一起看"茜茜"产崽直播的，还有熊猫频道（iPanda）的线上观众。

2015年6月30日下午5点零03分，在卧龙中国保护大熊猫研究中心碧峰峡基地，"茜茜"突然挺起身子，用嘴叼起一个黏糊糊、老鼠模样的小东西，迅速转向墙角。

小家伙刚刚以一声清脆的啼叫宣告自己来到这个世界，摄像机也清楚地记录下了这一过程。尽管"茜茜"背对镜头，她和孩子的一举一动，都被摄像机记录。仅在成都大熊猫繁育研究基地的5个园区，24小时直播的摄像头共安置了28路。

为熊猫直播忙碌的，则是一支近30人的队伍，成员基本都在1980年以后出生，多半是90后。

"大熊猫全世界都喜欢，但国外要看一次并不容易，我们也是想做好中国的对外传播，让人们24小时都能在网上看到熊猫。"项目经理汤晓亮告诉《博客天下》。他在2013年年初进入中国网络电视台刚刚成立的熊猫频道，负责筹划面向世界的24小时熊猫直播，频道定位是公益和海外宣传。

上线前，一项结合境外关注度的调查显示，代表中国符号的词汇中，长城排第一，熊猫列第二。

在直播里，熊猫也相应被赋予了一种新功能：熊猫外宣。

彭博社曾发表文章《这只懒熊猫就是中国的扎克伯格吗？》，有点刻薄但又不无羡慕地写道：

"还有什么比24小时不间断的熊猫在绿竹叶里打盹的画面，更能改变这个被污染的工业化国家的海外形象呢？"

▌ "意义"与"节操"

2013年8月6日，熊猫频道正式上线，全国三分之一的圈养大熊猫正式进入秀场。其中有产崽的"茜茜"，还有处于造猫阶段的"喜妹"。

2015年4月，在雅安碧峰峡基地，熊猫频道全球直播了雌性大熊猫"喜妹"和"林冰"的选婿、交配过程。

此前已与两位伙伴交配失败的"喜妹"不停来回走动，发出"咩咩"的叫声。饲养员用长竹竿轻轻触碰"喜妹"的尾部，"从翘尾情况看，正是交配的好时候"。

隔壁圈舍里，雄性熊猫"芦芦"透过墙上的圆形栅栏铁门，一直在呼唤。

铁门打开后，"芦芦"径直走向"喜妹"，一下骑到"喜妹"身上。18分03秒后，被称为"持久哥"的"芦芦"，打破了自己创下的7分45秒的纪录。

这场创纪录的高清熊猫交配画面，被世界各地观众观看。"这是全球唯一一个能合法直播交配的网站。"有网友这样调侃。

决定直播熊猫交配之前，熊猫频道工作人员专门观看了熊猫交配的录像资料。"评估了一下，熊猫由于体型的因素（身圆腿短），不会显得太过色情。"汤晓亮说。

为保险起见，他们邀请了中国保护大熊猫研究中心雅安基地动管部部长罗波担任解说，在直播时介绍熊猫繁育的知识，做足科普的效果。

这场不同寻常的直播，有人直呼"萌萌哒"，有人则指责侵犯了熊猫的隐私权，也有人吐槽"没有节操"。

但在汤晓亮和同事们看来，直播熊猫交配的"意义"比"节操"更重要。"以前圈养大熊猫的繁育是很困难的，后来突破了技术，采取人工授精等手段，才提高了受孕率。"汤晓亮说。

圈养大熊猫繁育首先面临的就是交配困难，和野外大熊猫相比，人工圈养的大熊猫难发情，"自然交配的几率很低"。

"每年只在3至5月份发情一次，雌性大熊猫的发情期不到一周，这一周内如果没有成功交配，一整年就没法怀孕了。"汤晓亮说，"而且两只熊猫一定要看对眼了才会自然交配，否则是会打架的。"

就在"芦芦"创纪录之前，"喜妹"的相亲对象"白杨"对它大打出手，导致交配直播被迫中止。前一天，"林冰"的选婿也以双方对吼失败而结束。

而2013年3月，成都大熊猫繁育研究基地的熊猫"科琳"在观看了熊猫交配的视频"AV"后，才成功圆房。熊猫看视频学交配的照片入选了《时代》2013年"最令人惊奇照片"。

"喜妹"与"芦芦"的成功交配，让熊猫频道直播团队松了一口气。他们清楚，许多网友观看直播就是想看交配成功，但当时团队里谁也没把握。

▓ 生活与视角

两个月后，直播"茜茜"产崽时，团队则要镇定得多。那个体重只有妈妈千分之一的熊猫宝宝终会出现，他们需要做的就是等待。

这个粉扑扑的小家伙，一出生时在直播镜头里闭着眼，半个月后，四肢和耳朵的皮肤慢慢变黑，隐隐现出黑白相间的毛色，一个月后就有了熊猫的模样。而在电脑屏幕上迎接它这样的小家伙的，是七嘴八舌的评论——"喂，这熊猫妈妈生它的时候生没墨了吧。""这个墨汁加太多啦！"

类似的评论，让汤晓亮和同事们心里越来越踏实。

2007年从北京师范大学广播电视艺术学专业硕士毕业后，汤晓亮先在国务院新闻办公室五洲传播中心做纪录片策划和制片人。2013年初到央视网时，他对熊猫的了解不比普通人多。提起熊猫，他首先想到的是《功夫熊猫》里的阿宝，那个爱吃面条、身体灵活的胖子。现实中在北京动物园见到的熊猫，他的印象是"不怎么洗澡，毛发脏兮兮的"。

"是否会有观众来看熊猫直播，当时没什么把握。"他回忆说。

直到亲眼见到成都大熊猫繁育研究基地里的熊猫，汤晓亮一下子兴奋起来。"熊猫太像人了！"

他看到熊猫坐在地上，用手拿竹子或窝头啃着，"胖胖的、蠢蠢的可爱"。熊猫并非成天呼呼大睡，喜欢爬树和滑滑梯，尤其爱打滚，彼此间还有许多好玩的互动。

"哇！这个播出去肯定有人看的。"汤晓亮心里想。

熊猫频道的工作人员多数没有直播动物的经验。选择什么机器来拍成为最先遇到的问题，他们先后提出了摄像机、Gopro（运动相机）等方案，都因无法持久运转、无法变焦等被否定。最后采用了性能稳定、能人工遥控和切换镜头的监控摄像头，并且在如何安装上花了心思。

在观赏区，多数摄像头布设在游客一侧，比游客视角高半米到1米——高度大约是姚明的身高，也正好是孩子童年时坐在爸爸肩膀上的视角。

在游客无法到达的熊猫生活区，安装摄像头更费周折。看上去憨态可掬的熊猫，其实破坏力很强。在熊猫直播里，经常能看到熊猫摇晃树干、在树上爬上爬下，折断枝干，以至于"生活区里的树每年都得重新栽"。不能把摄像头装树上，直播团队就装了个结实的假树桩，在2米多高的中间位置凿个洞，内置摄像头。然而，熊猫对假树不感兴趣，不怎么往那儿去，倒是对埋在地表的摄像头很感兴趣。

"熊猫会舔啊、用爪子挠啊，还经常有熊猫在那里撒尿。"摄像头在坚硬、防水的防护罩的保护下，让直播团队收获了许多不雅视频。

安装在高处的摄像头，也拍摄到不少高清特写画面：熊猫"仁儿"想换换口味，坐在一棵大树分开的树杈间，直接掰了根树枝啃，结果塞了牙。

熊猫偶尔还会打架。直播人员特别注意避免播出出血或划破皮等"有伤害的镜头"，以免刺激到喜爱熊猫的网友们的情绪，而使饲养员遭受指责。

"毕竟在所有人眼里，熊猫都像宝宝一样。"汤晓亮说。

直播对导播也提出了要求。在导播间里，28路摄像头画面展现在一面墙上。接受过培训的导播实时从中选出有熊猫出现的10路回传，再将熊猫状态最佳的1路选作"精切"线路。如果熊猫不动或呼呼大睡，精切线路30秒左右就会切到下一个画面。

除了24小时直播，素材会被剪辑制作成便于传播的短视频节目，比如搞笑节目《熊勒个猫》。《熊勒个猫》主播花名张猫，平时就是好吐槽的二次元用户，吸引了一大批"刚刚打开电梯"的熊猫迷。

⦀ 理性与狂热

熊猫频道调查分析发现，粉丝大多是16至35岁的年轻女性，她们喜欢TFBOYS、李宇春和李云迪等明星，也为熊猫欢欣不已。

"一开始新鲜嘛，大家都会看看。过了劲儿以后，有一部分人留了下来。"汤晓亮告诉《博客天下》。

留下来的就是铁杆粉丝，他们几乎每天都上网站看直播，一边看一边在评论区里和其他人聊天。

现居成都的姑娘"下辈子变滚滚"每天的工作是和数据打交道，是个不折不扣的宅女，兴趣爱好不多。一年前，她想找一种动物作为精神寄托，在翻看了猫、仓鼠和华南虎的图片后，选中了最可爱的熊猫，随即成为熊猫贴吧和熊猫频道的常客。

明星粉丝团和贴吧的管理方式被熊猫频道借鉴到工作中，熊猫粉在熊猫频道的官方称谓是"饭团"。

"熊猫又叫滚滚，我们一度想管粉丝叫'滚蛋'。"熊猫频道前编辑王楚涵说。考虑到定期要向中国网络电视台的领导汇报工作，频频出现"滚蛋"实在不雅，就此作罢。

王楚涵过去两年负责运营熊猫频道的社区"熊猫小镇"和微博，在熊猫粉群体里，这个岗位被称作"团长"。

2013年3月加入熊猫频道前，王楚涵在外文频道工作。当时，她正在为即将到来的"两会"上大夜班做准备。

"在网上买了好多速溶咖啡，结果咖啡还没送到，忽然告诉我调到熊猫频道了。"这个26岁的姑娘说。她的心理年龄要比实际年龄成熟得多，不追星，喜欢"有文化内涵的东西"，不爱看动画片，"不会走这种幼稚路线"，被同事形容为"理性又高冷"。

当电脑屏幕上的内容一下从严肃的政治报道转换成熊猫呆萌的大饼脸后，她依然认为，"作为官方频道，需要体现的是专业性"。

在搜集和熊猫相关的资料时，她对一部讲述野生大熊猫生存状况的纪录片《熊猫列传》印象深刻。里面提到，熊猫生双胞胎的几率将近一半，但在野外，"由于环境条件不允许，熊猫妈妈生了双胞胎，只能选择强壮的一只哺育，另一只就被抛弃了"。

人类生下双胞胎可以好好地活，熊猫却不行，王楚涵有个双胞胎妹妹，那一刻，她被打动了。在熊猫频道的互动社区里，她取的昵称是"心上猫"。

"熊猫不光有萌的属性，更是需要保护的野生动物，它的自然生存环境特别恶劣。"相比那些轻松有趣的内容，王楚涵觉得有必要让大家更多地了解熊猫这种生物本身。

经过两年多的历练，这位"团长"对如何辨别每只熊猫颇有心得："可以看脸型，有的头上有像苹果一样凹的窝，有的黑眼圈特别大，还有鼻梁的高低、鼻子的长短，以及体型和'肩带'。"

熊猫后背那条黑色带子，被网友叫做"熊猫肩带"或"熊猫bra"。铁杆粉丝能清楚辨认每只熊猫。

"有的吃得快，有的慢吞吞的。有的特别爱吃笋，有的喜欢窝头。有的熊猫专门抢别人手里的窝头，而不去抢'奶爸'（饲养员）给的。有的特别爱打架，有的就很乖。有的爱撒娇，使小性子不回家，非要奶爸抱才行。"已在今年7月离职的王楚涵说。在她眼里，每只熊猫都有独特的个性。

像各男子天团和女子天团一样，熊猫粉出现了"团粉"和"唯粉"，前者喜欢所有熊猫，后者则有自己心仪的那只。而不同熊猫"唯粉"之间掐架司空见惯。

每天饲养员"吊猫"（饲养员用竹竿喂熊猫窝头）时，熊猫粉丝间的气氛异常紧张。熊猫"思一"和"小乔"调皮霸道，喜欢抢好脾气的"奥莉奥"的窝头，有些"奥莉奥"粉丝对此很有意见，就在熊猫社区或者自发组建的QQ群里指责、谩骂抢食的熊猫及其维护者。粉丝们吵得不可开交，有时恶语相向，甚至上升到行动层面，比如恶意发帖攻击对方。

饭团们大多以熊猫家长自居，她们也的确会像家长一样，对小学老师让自家孩子坐在后排高度不满。

熊猫频道网站首页有个头图推荐位，王楚涵曾经负责更换，不少网友抱怨，"她肯定有私心，只放她自己喜欢的熊猫！"为此她遭到过投诉。

"有人把熊猫定义为哲学家，认为熊猫的思想和其他动物不一样。有人认为熊猫是大自然最后的奇迹。有特别狂热的熊猫粉甚至把自己想象成熊猫。""直播中国"运营中心运营部主编陶若谷说。

熊猫饭团们不时三两人相约前往全国各地动物园探望熊猫，但也会因为"熊猫是否应该圈养、未来怎样发展以及野外大熊猫如何救助"等问题，产生分歧。熊猫的野化放归就曾引发争议。过去几年间，放归大熊猫"淘淘"和"张想"存活了下来，而"雪雪"去年放归一个月后，死在了山里。

学界一般认为，野化放归对大熊猫野外小种群的保护和长期存续意义重大，但有些熊猫粉非常不乐意把熊猫放归野外，舍不得熊猫在外吃苦。

尽管如此，许多饭团对熊猫的认识逐渐增长。

说起保护熊猫的方法和意义，"下辈子变滚滚"姑娘已然具备了专业视角。她现在每周去成都大熊猫繁育研究基地一次，学会根据熊猫的生活作息安排自己的探访时间，早晨7点半园子开门时到达，就能看到非常活泼的熊猫，而到了上午10点，它们大多一副懒洋洋的模样。

如今，熊猫频道的合作机构—成都大熊猫繁育研究基地和中国保护大熊猫研究中心，每年存活的熊猫宝宝超过30只，与七八年前相比，有了突飞猛进的增长。人工繁育技术的发展使熊猫的生活展示不再那么小心翼翼、战战兢兢。

在成都大熊猫繁育研究基地，熊猫根据年龄阶段分布在不同住所。幼年熊猫成年后，要搬离原来的园子。在这种每年大规模移动的"熊猫春运"里，部分熊猫可能就此迁出直播园区，与收看直播的粉丝告别。

2011年出生的6只熊猫被称作"疯6"，粉丝们看着它们一块长大。后来它们换了园子，离开了直播镜头。王楚涵回忆，"大家很难过，有人甚至说，再也看不到'疯6'了，再也不来熊猫频道了"。

有位山东姑娘喜欢的熊猫因迁园离开了直播镜头，她便经常坐火车从山东到成都实地看望。

这些熊猫的未来，饭团们牵肠挂肚。"真心祈祷每一只宝贝外出不要去地方动物园。""健康成长，不要生病，吃得好就好。将来有个美好的熊生。"他们这样留言道。

⫶ 生命与符号

粉丝最多的"奥莉奥"搬离直播园区后，伤心的粉丝们通过打电话、网络留言等方式给熊猫频道提要求。前方工作人员隔一阵子就得扛着摄像机去拍摄"奥莉奥"的近况，制成点播节目，才在一定程度上安抚了饭团们的情绪。

"奥莉奥"一出生就备受瞩目，它在2012年伦敦奥运会首日（7月28日）降生，得名于一次征名活动。全球网友受邀为这只奥运熊猫宝宝取名，一位美国姑娘推荐的"奥利奥（Oreo）"在8000多个名字中得票最多。"Oreo"在希腊语中意为"美丽、美好"，而奥利奥饼干和大熊猫都是黑白两色。

最后名字调整为"奥莉奥"，"莉"取自它的母亲"莉莉"。按照成都大熊猫繁育研究基地主任张志和博士的说法，大熊猫命名一般要在中文名里体现熊猫与父母、尤其是母亲的联系，以便在熊猫科研时追踪、辨识族群谱系。每只熊猫还有自己的DNA资料，避免日后近亲繁殖。

2014年3月，"奥莉奥"和几个小伙伴一起，在成都大熊猫繁育研究基地接见了美国总统夫人米歇尔。

"奥莉奥"有一张标准的16：9宽屏脸，是最早在熊猫直播中出现的熊猫之一，如今名气最高。

"我们有意把它推出来。"汤晓亮说。而在外交舞台上，见过不少大世面的熊猫们确实也不怯场。

　　上世纪50年代，"外交明星"熊猫一度被装进笼子送出国，作为礼物永远留居海外。1982年以后，中国停止了向外国赠送大熊猫的做法，改为以"科研"目的的租借。此后出国的熊猫永远都是中国国籍，生下来的孩子也一样。在最缺乏外汇的时候，熊猫相当于"出国打工给国家挣钱"。

　　无论大熊猫前往哪个国家，它们都会有一个中文名。2003年出生在美国圣迭戈动物园的大熊猫被取名"美生"，意为"生于美国"。

　　2015年9月25日，出访美国的彭丽媛和米歇尔参观了美国国家动物园大熊猫馆，给旅美大熊猫"美香"8月刚出生的幼崽取名"贝贝"。

　　和"美香"一样，目前有几十只大熊猫生活在泰国、比利时、日本等国家，这被称作"熊猫外交"。肩负政治使命的熊猫，名字往往富有象征意义。1999年送给香港的大熊猫"安安"和"佳佳"（合意"安家"）；2008年的赠台大熊猫"团团"和"圆圆"（合意"团圆"）；而这次中美两位第一夫人给新生的熊猫取名"贝贝（BeiBei）"，寓意"宝贵稀罕"。

　　而和半个多世纪前相比，熊猫家族如今要兴旺得多。全国第四次大熊猫调查结果显示，截至2013年年底，全国野生大熊猫种群数量为1864只（前一次调查显示数量为1596只），圈养大熊猫种群数量为375只。

　　熊猫频道在海外的Facebook和YouTube都注册了官方账号，每段熊猫视频通常能获得数万次浏览。一段"奶爸"给两只熊猫宝宝喂营养液的视频在Facebook和YouTube上十分火热，累计播放数超过2000万。在网友评论中，"cute"（可爱）出现频率最高。

　　目前平均每天有近29万人访问熊猫频道网站，约三分之一来自境外，覆盖214个国家和地区。其中，美国、加拿大、俄罗斯、日本、英国等国家的民众对熊猫直播较为关注，非洲和阿拉伯地区关注较少。熊猫频道目前没有日文版本，但日本观众异常踊跃，富士电视台和日本电视台曾经主动致电熊猫频道，希望借用素材制作节目。熊猫频道计划在日本最大的视频网站Niconico开设频道，专门针对日本用户定制熊猫节目。

居住在日本长野县的29岁网友TongtongKumaneko，委婉地表示对中国无感后，毫不掩饰对中国熊猫的"非常喜爱"，因为它们"可爱、治愈又容易亲近"。

2015年8月，中国保护大熊猫研究中心雅安基地2015级的10只熊猫宝宝被摆在一块拍集体照。人们在熊猫频道的视频里看着这些黑白相间的小肉球扭来扭去，欣喜不已。

它们的成长一度面临种种难关。熊猫宝宝开始不会自己排便，熊猫妈妈用舌头把排泄物舔出来。人工条件下，饲养员要用棉球反复擦拭幼崽肛门周围，引起反射性排便。

熊猫频道直播了这个过程。"也是让大家看看，要把一只熊猫幼崽带大是非常不容易的。"汤晓亮说。

8月21日，中国保护大熊猫研究中心碧峰峡基地，一只2015年出生的熊猫宝宝躺在育幼室的箩筐里。

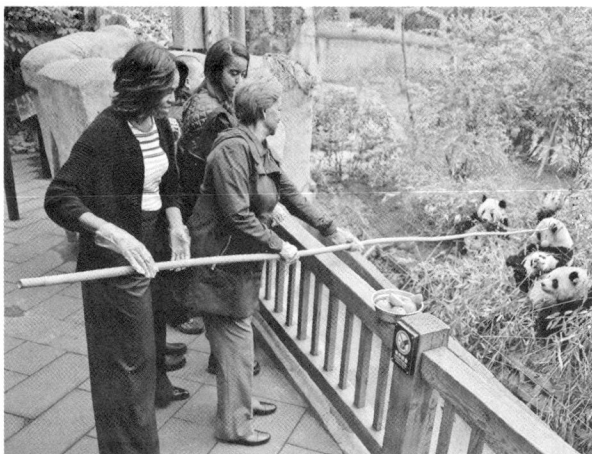

2014年3月26日，正在中国访问的美国总统夫人米歇尔一行参观成都大熊猫基地。

（梁钰均对此文亦有贡献）

（2015.10.23）

第七

章

奇葩说怎么说

很难用一句话或一个词来概括《奇葩说》的特质，它有辩论，有搞笑，有故事，有毒舌，有鸡汤，有引经据典，也有现身说法。时而"骚浪贱"，时而"高大上"。

不管马薇薇、黄执中这样的专业辩手，还是肖骁、范湉湉等综艺咖，抑或一些从未打过辩论也从未参加过节目的素人，每一个参与者都把说话当做自己最锋利的武器。

有人甚至以嘴为生，以嘴成名。他们集中展现了人类嘴炮的艺术。

但这不是全部。作为节目创始人的马东不满足于把说话做成一门生意，在发财的同时也在发现"才"，他跟两位"奇葩队长"蔡康永和高晓松，试图通过对价值观的引导和把控，展现奇葩们独特的辩才，也凸显言说的价值，守护言说的底线。

如果说对一些世俗难题的终极追问是《奇葩说》的上限的话，那娱乐化的包装可看作它的下限，左边是言论的禁区，右边是表达的诱惑，在有限的空间里拓展空间，在看不见的界限内守住界限，是这个节目的生存之道和张力所在。

这是一个泛娱乐的时代，正是因为泛娱乐，才需要偶尔严肃；这是一个多元的时代，正是因为多元，才需要去把握分寸。

这也是一个颜值轻易碾压一切的时代，但我们不能因为颜值，而忽略了"言值"。

他们够奇葩，并非因为尺度大

这个盛产金句、段子、故事以及怪咖的节目，善于在节操碎满地时捡拾价值观，也善于在逼仄的空间里守住言论底线。

文/谢梦遥　编辑/卜昌炯　图/尹夕远

马薇薇是米未传媒的首批签约艺人，接下来她将拥有自己的节目。

战斗越来越激烈了。如果语言可以化为子弹，《奇葩说》布景华丽、卡通感十足的演播厅里，将布满弹孔。

4万海选报名者。整整两个月的简历筛选与面试。其中3人经选拔挤进海选录制的窄门，但最后只有一人被留下。而这仅有的一个人，也在正赛的第一轮就被淘汰了。至此4万人全军覆没。

这个以辩论形式进行的季播综艺节目，自爱奇艺网推出伊始即引发热议，如今已经录制到第三季。剩下的24个选手，不是前两季中最炙手可热的熟面孔，就是导演组直接邀请加盟的狠角色。此前一直担任场外指导的黄执中与胡渐彪——他们分别被视为中国台湾与马来西亚辩坛的传奇巨星，也被下放到对立的战队。

▎奇葩与"天赋"

搁在以往，晚上7点半开始的两场比赛录下来，11点多就结束了，现在至少要拖到零点以后。新赛制设置了一对一的交锋，选手们备赛更加充分，发言时间也在加长。选手姜思达某次陈述长达18分钟，几乎占据播出时长1/4，虽然讲得很精彩，大部分话还是被剪掉了。

"我压力大到每一轮都能瘦好几斤，吃不下饭，凌晨没睡几个小时就爬起来。有的时候心跳咚咚咚咚，觉得活不下去了。肾上腺素分泌到极致。"性格豪迈、做派像个"大姐大"的范湉湉说，"可是每一轮结束，两天没打（辩论）就特别想回去，觉得很过瘾，还想再去打。"

"第一季我就把它当成一个谈话节目处理。现在辩论的味道越来越浓了，大家已经开始抠逻辑了。"肖骁说，这是一个声音尖细、笑起来感觉花枝乱颤的青年男子，"我要展现我的多面性，不仅仅只有撒泼耍赖。"

范湉湉与肖骁曾在一些难以被记住的综艺秀出场过，他们现已进化为深具观众缘的王牌战将——辩论中的"跑票制"决定了观众缘的重要性。纯粹从技战术考量，他们一定不是《奇葩说》里最厉害的辩手——第一季冠军马薇薇已经多次展现了她摧枯拉朽的驳辩能力，也不是排第二位的，考虑到几位国际大专辩论赛（国辩）出身的顶尖好手均加入战团，他们也许排不进前五。但他们在前两季都战至最后关头，这足以说明，《奇葩说》不是一个专业辩手的小圈子选拔赛，技巧不是全部。

肖骁不属于那种能让所有人都喜欢的人。满脸嫌弃地翻白眼儿，是他的招牌表情。他有种疯疯癫癫的快乐气质，但有时候会表现得缺少耐性，刻薄且狂妄。问他为什么能在节目中呈现如此良好的综艺感，他语气平板地说："天赋，真的是天赋。"

"如果看电视看到一个像我这样的人，我也会觉得这个人蛮讨厌的。"他说。

他不回避自己是同性恋者，在比赛中也大胆地拿自身举例。《奇葩说》允许他释放出内心的妖怪。有几次，他穿着裙子出镜，若是平时或者其他节目，他不敢这么穿。他说不是硬要套用"奇葩"的定义，"我走的不是怪的路线，我走的是时尚的路线，哪怕穿裙子，那也是好看的裙子"。

他以为自己是个特立独行的人，但加入《奇葩说》后，很快发现还有比自己更奇怪的物种：一个像绿巨人变身一样突然神经质般咆哮起来的警察，一个胡子留得像大个耗子精浑身散发着孤独感的编剧，一个因裸模经历成名却痛恨那段记忆的艺术从业者。但那个叫颜如晶的天才辩论少女才是彻底让他目瞪口呆的异类。

颜如晶模样敦憨呆萌，加上马来西亚华人独特的口音，说话自带喜剧效果。但日常生活中，她一度极其害羞而封闭——在英国留学的某个暑假，她曾连续35天没迈出房门。不熟的人上前聊天，她的语言能力似乎丧失殆尽，完全不知如何接话。

"她是我从来没有交往过的朋友类型，只会自己跟自己聊天的这种人。"肖骁几乎喊了起来，"我当时看到她，我说天呐，这个世界上真的有这种人吗？"

他把她当成洋娃娃，逗她，撒娇，拉长声音大喊她"宝贝"，甚至放肆地坐她腿上。直到后来大家熟悉起来，颜如晶才告诉肖骁，这让她很不舒服，她从没试过跟别人如此亲密。

然而《奇葩说》并非为了让你看人类奇观，也不是纯粹的怪咖集中营，也许为了节目效果会放大某些个人特质，但那只是手段而非目的。节目给选手足够的空间展示自我，但有时候也会小心翼翼。最近一场录制，姜思达做了个妖冶的造型，还把眉毛剃掉了，录完后制片人牟頔劝他："咱们可以另类，但能不能稍微收敛一点？"

当然也有带着惊世骇俗的三观前来的人。海选录制时，有一个男人鼓吹一夫多妻制，然后讲起他和他的"后宫"相处多么融洽。现场气氛变了。"你就已经不会想笑了，他不管再说什么，你都不会想笑了，你必须要严肃认真地对待这件事情。"肖骁回忆，"太多人误解了我们的节目，觉得作为奇葩，一定就是游走在道德边缘。"这个段落被剪掉了。

肖骁自认为是外表开放内心传统的人，一开始他抗拒被称作"奇葩"，但现在觉得蛮光荣的，"奇葩代表敢说敢做的真性情"。在他看来，那个吹嘘"后宫"的男人，侮辱了"奇葩"这个词，或者说，"把我们好不容易建立起来的奇葩形象又给拉回到原点了"。

⦀ 战争与自我修炼

本质而言，《奇葩说》的核心在于一个"说"字。这是一场以说话来开展的战争。舞台两端坐着对立的双方，高晓松与蔡康永分任两个战队的队长。主持人马东居中，敲着一个木鱼，控制每轮交锋的始终。掌握权力的是100位场下观众，赛前他们根据个人意愿选定立场，过程中可以随时更换，结束时的"跑票数"决定胜负。

最近的几次录制，胡渐彪都感觉沮丧，"对自己的表现非常非常不满意"。

如今身份是职业经理人的胡渐彪，被誉为"大马第一辩手"，以剥丝抽茧般的逻辑拆解见长。他曾在2001年夺得国辩冠军。《奇葩说》筹备前期，他就被导演组选中。他加入的理由很简单，只是想借助这个平台推广辩论。

直到第三季亲身上场，他才意识到，他所习惯的硬邦邦的说话方式将置他于不利境地。"现在我的重心反而是在自我修炼了。"

"传统辩论更加倾向于竞技比拼，我就想办法让你难看，让你的逻辑圆不上来，把你的定义拆烂。"胡渐彪说，《奇葩说》的获胜关键在于对观众的说服，观点的诠释、演绎技巧——比如用简短的类比代替繁琐的推论，是他需要加强的。"观众心底里有答案，只要你说得契合，那基本上就成功说服了，"他说，"但如果你说的与他心中想的一模一样，那观众不会买账的。所以如何说得有趣，或者让他不由自主沿着他认定的立场深刨下去，这就不容易了。"

"辩论圈外的人，经常会有一种误解，他会觉得你只是在规则的保护下，如果我们在日常生活中说理，你早就怂了。那么实际上《奇葩说》对我们来说完成的一个挑战是，我们进行常人的说理，不需要任何专业评审。"同样是专业辩手出身的马薇薇说。

然而逻辑拆解依然是重要的，节目不乏自认为很会说话的人却铩羽而归的例子：曾有位活跃在脱口秀节目的台湾艺人，被请来作为"刺客"挑战选手，他自信能见招拆招，结果面对快节奏的攻防，变成了哑巴，根本接不上话。

《奇葩说》每轮录制时间为3天，共6场比赛。辩题在赛前两周公布，两个战队各有3道题可先选持方。接下来各队在微信上建立6个群组，将对应出战的选手拉进去讨论，同兼选手与导师身份的胡渐彪与黄执中会出现在所属战队的每一个群里。每个人想到什么论点，就往群里丢，他们也会你一言我一语地用语音讨论。

"每一个人发言的机会就一次或者是两次，所以我们不仅仅只是说话要有逻辑，还得非常搞笑，那样别人才听得进。"颜如晶说，在备战期，她会花很多时间想笑话、铺梗。

辩题大多围绕生活琐事展开，通常不会在正规的辩论赛场出现——除非是表演赛，但不意味着双方辩手纠缠于琐事不放。每种选择背后，可以引申出不同方向的价值观。比如"单身是贵族还是狗""伴侣手机可不可以翻开""该不该刷爆卡买包"，可引申为"单身主义是否是当代可被接受的一种处事态度""两性关系中是否可以剥夺隐私权""超前消费是不是一个合理的消费模式"。字意局限的空间打开后，言说有了更大的可能性。

下一阶段，导师会根据每人贡献的论点以及个人特色分配辩位。那些比较浅的论点（他们称为"基本款"论点），优先交给综艺感强的人承担，"因为需要渲染，才能够带出论点本身的重量"。

录制前一天，选手们会从各地汇聚北京大兴的录制基地——有好几位是生活在境外的。这一天他们会确认各自的论点，并修正叙述方式，这个工作将在接下来3天持续进行。有时候录影结束，他们还会回房熬夜继续讨论，直到三四点。根本没有吃夜宵的时间。"太累了。"胡渐彪感叹。

这种严谨与拼命，仿佛让他回到了20岁出头，不眠不休备战国辩的日子。但两者毕竟不同。传统辩论赛制讲究整个队伍的架构设立、逻辑链的递进协调，而《奇葩说》重点在于找到崭新的有趣的观点，然后把它说通。如果选手论点不够，导师还要负责提出新论点，供其采用。这是个脑力激荡的过程。"创造是一件相当痛苦的事情，因为灵感不是说有就有。要耗很长时间去琢磨，去思考。"胡渐彪说。

之后就是战斗了。没有什么是不可战胜的。看起来严丝合缝的立论，总能被找到爆破的切口。而排山倒海般的狂攻，却又能波澜不惊地化解。屏幕上的精彩，只是整场战争的最后阶段。战争早在那之前已经启动。

▌ 新玩法与商业逻辑

关于《奇葩说》的开始，对于很多人来说早已是个耳熟能详的故事。2014年5月，时为爱奇艺首席内容官的马东把《奇葩说》（那时这个名字还没想出来）的计划交给了尚在央视工作的牟頔。牟頔带着手下20余人团队离职，几个月后打造出《奇葩说》。前两季播放量达到8.8亿次，一切的发生像个传奇。

你未必知道的是，在故事的起点，几个后来与之发生重大关联的人，并不看好这个节目。当时的肖骁还是一名时尚买手——他的确有过一些表演经历但仍籍籍无名，艺人身份对他更像梦想而非描述。所以当他接到邀请时，并没表现出太大兴趣。他觉得网络没有电视推广有效，而网络自制综艺往往是粗制滥造的非主流产品。"可以来，但我要收费。"他回答。

以当时的视角看，他也许是对的。卫视的热门综艺节目轻松可以卖出上亿元的冠名，而网络自制综艺才刚刚起步，最大预算也不过千万元。

胡渐彪与牟頔派来的导演聊过后，一度怀疑对方是个骗子。他首先问起录制天数，觉得长得不合理，又问起拍摄机位，对方说12台。他在马来西亚主持过一个名为《百万富翁》的大型游戏节目，也只有8机位，"没可能，谈话类节目本来就是图它便宜嘛"。

"我们要做高清、优质内容，不可能在这种事情上省钱。"牟頔说，到了第三季，同步拍摄的摄像机增加到16台。

事实上，从接到任务的第一天起，牟頔就成了那个最纠结的人。她在央视时，做过《谢天谢地你来了》《喜乐街》，但那些都有现成的国外模式，《喜乐街》的剧本多达87集。现在她需要根据马东与高晓松在饭桌上拍脑袋想出的一个点子进行研发。"这就跟拍电影一样，一个导演能不能说服自己，故事是成立的。这个时候是最耗尽心力的，因为没有人能帮你，你求证不了。"她不确定辩论与娱乐能融合到一起，没有先例。

许多不可能的关卡，她竟一一通过了。牟頔看过蔡康永的关于说话之道的书，于是向他发出邀请。双方沟通多次，蔡康永不时会委托经纪人发来一堆问题，事无巨细，从录制安排到节目内容逻辑均有探讨。一个月下来，此前从未接过大陆节目的蔡康永被说动了。

广告售卖上，牟頔也决定尝试新玩法，把植入节目的口播作为最大卖点，而不是贴片广告——尽管在互联网自制综艺领域并无成型模板参考。她努力给客户"洗脑"，强调这种口播广告是永远与节目同在的，并且可以帮助建立品牌的性格标签。最终，第一季冠名权以5000万元的创纪录天价，卖给了美特斯邦威。

事情的发生，是环环相套的。《奇葩说》一炮而红，第二个广告从接洽到投放仅用了一个星期，第四期节目时就出现了。互联网平台体现出灵活性，要是放到决策流程漫长的电视台，早已封单。第一季《奇葩说》总共签约7个品牌，有几个是到最末3期才加入的。

随着节目进行，马东还将所谓"花式广告念法"发扬光大，他会在与嘉宾或选手互动时随机套入广告，效果有如讲了个段子。每个品牌在《奇葩说》都有一句专属的广告语。有的纯属无厘头，比如"一人吃鸡，全家光荣"——这是马东给肯德基想出来的，有的则有自黑嫌疑，比如美特斯邦威的"时尚时尚最时尚"，是滑稽的网络歌曲《我的滑板鞋》里的歌词。这些均不属于传统意义上的广告语。马东表示，第三季《奇葩说》的招商金额已突破3亿元。

"我骨子里从来没把自己当做什么搞艺术的文人，我觉得节目制片人肯定是产品经理，那你就应该遵循商业逻辑。所以你要带着团队去帮客户想，怎么让它好玩，成为你内容的一部分，而不是你一直排斥它说不要进来、不要进来。"牟頔说。

自由与控制

《奇葩说》的创造者决定在2015年9月创立自己的公司。合伙人包括马东、牟頔以及商务负责人刘煦。

这个名为米未传媒的公司希望倡导一种自由、包容的办公室文化，就像《奇葩说》的调性那样。整体空间并不大，但仍开辟了一个榻榻米式的麻将室。上下班不打卡。午休时候，一群人在餐台玩起了杀人游戏，马东也加入了。他很快被杀掉，心不在焉地玩了会儿手机，不等结束就离开了（"不会因为他是老板就留着他不杀"，一位员工说）。餐台附近摆着一台跑步机、一台桌上足球机。公司里养了名为"米米"和"东东"的两只猫，它们有属于自己的员工编号。马东是整间公司唯一没有座椅的人。为了减肥，他站在边角位置的一张吧台前办公。

在这个大约70人的公司内部，有各种各样的社团，以微信群的形式存在。篮球社、杀人游戏社，哭社、骂人社（社长是颜如晶）是用来发泄情绪的。还有更无聊的，比如撕名牌社、剁手买买买社……

马薇薇、肖骁、范湉湉是公司的签约艺人，接下来各将拥有自己的节目。没有常规的经纪合约管制，他们完全享受微博上的言论自由。

《奇葩说》选题会每月召开，20多个编导聚到会议室里进行头脑风暴。每个人都要报题，然后从中选出比赛辩题。淘汰率极高，几十个题目里只能选中几个。爱上人工智能到底算不算爱？太超前。宁当真小人莫当伪君子？太正经。颜如晶最近半年都在米未传媒实习，她报过一道题是"学生运动是否助于社会改革"，该题曾出现在新加坡的"亚太华语大专辩论赛"。可想而知，刚说出来就被毙掉了。

他们现在的常用方法是从互联网上搜索选题，比如知乎上热议的话题，或者挖掘自身的人生困惑，有一位编导因为老被嘲笑异地恋，将应不应谈异地恋提了出来，成功入选。

即使入选的题目，也会在字眼上重新考量一番。有一道题目叫"婆婆是bitch，你该不该离婚"。马东觉得"bitch"太刺耳了，想改成太后病。但编导们觉得力度不够，产生了争执。最终马东赢了。考虑有些措辞平和的题目都会造成剑走偏锋，激起反弹，大家达成共识，"bitch"会加剧这种趋势。

牟頔承认，去年广电总局将第二季中两期节目下架处理之后，对待辩题谨慎了很多，会避开一些可能失控的辩题，但她并没说明哪些题目属于容易失控的范畴。

辩题设置只是第一道防线。第二和第三道防线，由马东与牟頔分别把守。马东在主席台，他的权力在于中止讨论，把控舆论方向，而牟頔在剪辑室，她的权力在于剪掉"不适合公开讨论"的内容。

还有着第四道防线，那是爱奇艺网下属的审查部门。

回忆起最初受邀《奇葩说》，肖骁以为节目的卖点是拼尺度，后来发现并非如此。但他也承认，这是他录过的尺度最大的综艺节目。他提到自己在一场演讲类节目的出镜体验："电视能播出的演讲节目，是这个节目想要告诉观众什么，而不是我想要告诉观众什么。"

而在《奇葩说》中，他只要忠实地做自己就好了。如果他对某一持方从内心极端抗拒（绝大多数辩题对他而言两边都有道理），他不会选择上场。这也许不是专业辩手该有的姿态，但肖骁本来就不是一个辩手。

他曾经是个毫不在乎他人想法的人，但肖骁说，他能感到自己的改变，他学会尝试倾听不同声音，"在做一些选择的时候，更理性"。

（2016.4.8）

马东：最高的情商叫自有分寸

马东最重要的特质不是谦卑，而是"精确与分寸"。

文/徐雯　编辑/卜昌炯　图/尹夕远

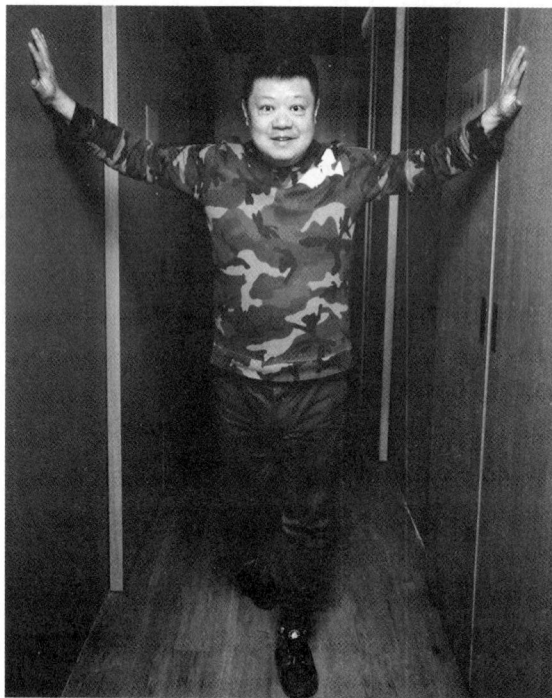

靠智商上位的"无颜值男神"马东。

马东并不是有攻击性的说话者——至少在处于受访者位置的1个小时里，他透露出强烈的防守意图和"分寸"意识。

这个因主持说话达人秀节目《奇葩说》而在90后当中走红的60后，在和《博客天下》记者相处的第5分钟，就釜底抽薪式地否认自己具有说话天赋，继而像往常那样，把两位搭档蔡康永和高晓松搬出来："我震惊于他们的博闻强识，觉得和他们相比我没有什么说话艺术。"

他在《奇葩说》现场的每一次点头，都是心里在咯噔——这俩人怎么这么会说话。他认为《蔡康永的说话之道》是很好的讲话蓝本，并说"和晓松辩论就是找死，做个安静的学生，挺好"。

马东习惯于打这样的"地躺拳"。这个中国武术拳种讲究腰身柔灵、随机就势、形退实进、败中取胜。显然，马东深谙此道，因此极少能在公开场合听到他说出哪怕一两个自大的词汇。他提过的对自己最褒义的诠释也不过是"角色自由"——在不同的身份里做不同的事，不牵强不攀附。

1996年从澳大利亚回国后，马东辗转于湖南卫视、中央电视台和爱奇艺，如今自创米未传媒，从事视频节目内容生产。

20年里，公众眼中的马东主要承担了两种社会角色：老主持人和新老板。前者长于在一堆说话的人中把控节奏，后者让说话成为一门可持续的生意；前者凸显的是技巧，后者用旧时曲艺人的行话讲，考验的是"平地抠饼，对面拿贼"的硬功夫——随时随地能靠三言两语拿住观众，并让他们心悦诚服地从口袋里掏出赏钱。

"马东是我见过的情商最高的人。"米未传媒首席内容官、《奇葩说》制片人牟頔告诉《博客天下》。马东则说，谦卑才是自己唯一的生活方式。但在第三季辩手、编剧史航眼中，马东最重要的特质不是谦卑，而是"精确与分寸"。

▕▏▏ "千手观音"

作为"无颜值男神"，马东靠智商上位。对于外界称他为"人形弹幕机"的说法，他一笑置之。

网上曾经流传过一份马东金句集锦。如在某期节目中，嘉宾柳岩在回答流落荒岛会选择谁陪伴的问题时选择了孙悟空，马东一脸无辜地问："因为他有金箍棒吗？"

"好多东西提溜出来，一看显得这人特牛、特聪明，但是是很长的节目里集结的，我不是每一句都那样。所以那个东西自己看了，要是信了，那就太傻了。"马东说。他看过自己的金句集锦，但并没有忍俊不禁。

从主持《挑战主持人》《文化访谈录》开始，马东放弃了在节目中使用台本，用相声的术语，全靠"现挂"，即根据实际情况，即兴发挥。他认为幽默最重要的品质是分寸，但在生活中，他常常错失幽默的时机。

马东习惯于把自己放在一个"不会说话"的位置上。相对于回答者，他更享受做一个提问者。采访一开始，他就问："咱们是什么主题和方向？"他想找个关键词搭把手。他讨厌重复解释一个问题，觉得"像背词，特别无聊"。

录制《奇葩说》时，他不喜欢和嘉宾提前交流，也不故意设计效果，"我们要的就是真实的状态"。即便这真实里可能有各种突发状况，马东也毫不介意——他大概是唯一一个对"尴尬"泰然处之的主持人。

以前他也会问自己，遇到"驴唇不对马嘴"的情况，现场尴尬了怎么办？后来，他反向考虑，觉得尴尬了也没什么不好，造成不了什么恶劣的后果，反而场景的层次更丰富。对于传统主持人培训中的"话不落地"规则，他认为是造成主持人说话不经大脑、满口水词的罪魁祸首。

这种独特的控场方式，在明星辩手范湉湉眼中是一种高明的做法。"我觉得他才是真正下棋的人，能够全盘控制。他虽然有的时候不在场上辩，但他是对所有的切入点、走向……各方面（掌控）都很厉害的一个人。"范湉湉对《博客天下》说。

"千手观音。"史航这样比喻马东。十几年前，还在中央戏剧学院当老师的史航曾在央视的座谈会上见过马东，但对他并没有什么深刻印象。史航戏称："在央视的光芒下谁还有光芒？"后来在《奇葩说》第一季里看到穿着苏格兰裙的马东，他傻了眼。"马东的各种思维、语言和主持技巧终于不是用来承接一些不值得承接的信息或者走一个不值得走完的程序，终于为智慧和性情服务。"史航说。

"主持人这个行业，不是说多了就好。"马东不喜欢"名嘴"这个词，认为每一个真正会说话的人，其实是因为有不一样的思维方式，而不是嘴皮子利索。

"跟马东做节目真是太舒服了。"曾和马东合作过《文化访谈录》《汉字英雄》等节目的学者于丹说。2007年，两人合作《游园惊梦》的特别节目之前，曾一起去香港看昆曲名角的演出。马东带于丹去半山的餐厅吃咖喱饭，于丹当场把7期的节目内容大致说了一遍，马东回应她"只管按你的思路准备就行了"，别的不用多管。

"马东的聪明不是飞扬跋扈、咄咄逼人，而是善解人意。"于丹告诉《博客天下》。

1990年代，马东在澳大利亚留学时，喜欢看台湾综艺主持人胡瓜的节目，觉得自己也有相似的反应能力，并对主持这个行业产生了极大兴趣。"我觉得胡瓜是一个自我没那么强的人，节目中他更多的是在适应来访者并为其铺路。"

在相声中，这种说话节奏和张弛拿捏被称为"尺寸"。虽然马东的父亲、著名相声艺术家马季刻意割裂了马东与相声的联系，但马东依然从中耳濡目染。现在，马东的手机里全部是郭德纲的相声，开车听、坐飞机听、睡觉前还听。听多了，"包袱"不能逗笑了，他就当是催眠。

"听着听着你就知道，有的人这个地方说的是错的。你能建立场景，就知道现场尴尬了，或者尺寸不对了。相声听的是这些东西，不是光听，是理解。"马东说，尺寸是相声中最见功力的地方，而这也是他最享受的地方。

▌ "清浊合一"

2015年9月，为了更好地做视频内容，马东创立了米未传媒，把办公室安在了朝阳公园东七门的一幢楼里。他摇身一变，成为各方关注的商业人物。

既是《奇葩说》的主持人又是其制作公司的CEO，马东需要对自己的角色边界有清晰的认识。他不断强调，自己只是其中的一个零件。

"在节目里面我是主持人，主持人要听导演的。所以是导演组决定，不因为我是CEO，我就能够决定什么。"说完，他又补充，"如果这节目必须从前到后全部听我的，那我脑子进水了吧？"

他需要拿捏好作为一个老板的分寸。大家玩杀人游戏时不带他玩，他也只好让自己晾着；公司的两只猫需要照顾，他就做铲屎官、给它们洗澡，或者用湿纸巾给它们擦眼屎。他知道这节目是年轻人的天下，经常说："牟顿审片子就完了。"

"马东是个很包容的人。"牟顿几乎没有见过马东发火，唯一的一次，是大家偷拍马东的丑照，他有点生气。

《奇葩说》第一季的时候，编导们曾用很多网络上的小图片去做包装，结果被告侵权，公司面临赔款。马东的第一反应不是找到相关编导予以惩戒，而是非常理智地反思，然后想办法善后。牟顿说，按照传统电视台的处理办法，当期的责任编辑肯定会受到处分。

2015年8月，《奇葩说》第二季节目迎来了更大的挑战："该不该向父母出柜"和"好朋友可不可以约"两期节目被下架。

对于前者，广电总局给出的理由是："嘉宾对非正常的性关系持同情态度，挑战传统道德观和价值观。节目不适合向公众传播。"

接到通知时，马东没有惊慌。"就是你开车超速了，然后接到了一张罚单。"他说。在这之后，米未传媒对选题的边界、探讨的分寸有了更清晰的认识。

但马东从来不去想尺度的问题。"你觉得尺度大就可以怎么样的话，早晚会撞到墙上。所以其实还是更符合内容、逻辑的规律很重要。"他更希望《奇葩说》的舞台上能模拟一个真实的说话场景，生活中带脏字，那现场也可以说脏字——哪怕在后期被迫做消音处理。"我们真的不能只当清流，我们清浊合一。"在3月26日的播出的《奇葩说》第三季中，马东如是说。

作为老板，仅有包容是不够的，他还得想办法站着把钱挣了。

"花式念广告法"已成了他的一个招牌。节目中，他经常使用这样的句式："今天，我们之所以能济济一堂地聚在这里辩论……"紧接着就是一堆广告词。很多观众乐于见到马东以"抖包袱"的方式说广告，甚至有网友留言："听马东念广告才是节目最精彩的部分。"

"对客户的真心回报，就是恬不知耻地做广告。"马东说。

对于大家为什么愿意给"商人脸"的马东买单，史航这样分析："马东承认人的本性是自我的、利益的、虚荣的，他承认所有的弱点和负面，但他以这一切为起点，而不是为终点。人是胆小的，但我们能不能做一件很勇敢的事情呢？人很自私，但能不能顾完自己再照顾一下别人呢？马东的路程是向人性的光辉面走的，走多远都是真实的。我们遇到的太多的人，拍胸脯当自己是圣贤，但最后的行为都是以猪狗为最基本的参照系，而马东恰恰是立地成佛，而不是佛露出马脚。"

▌ "怂人"自黑

2015年，并不英俊的马东为了让自己在镜头里不那么显老，割掉了两个大黑眼袋——尽管这对他的颜值来说，可能并无明显改善。

这个48岁的男人现在血糖血脂偏高，正在尝试通过吃素减肥。他的办公桌比别人高一大截，没有椅子，强迫自己从早到晚站着办公。

摄影师给他拍照时，他嘟囔着："我不爱拍照。"他的手机里并没有美图秀秀这类修图软件，原因是"长得丑的人一般不自拍"。

牟頔说："他都经常那样自黑了，别人也就不好意思计较了。"

在明星辩手肖骁眼里，马东是非常懂得去讽刺别人但是又不会让人不舒服的那种人。心直口快的范湉湉有时候会问马东："你能不能对我好点？"

马东回她："不黑你黑谁？"后来范湉湉一想，也对，互相吐槽也是一种沟通的方式。

一开始，85后的牟頔会嫌弃1968年出生的马东，觉得"和这个老人家不是一类人"。当时在爱奇艺，马东有一个独立的办公室，手下的员工都坐在外面的大办公室里。牟頔的《奇葩说》团队躲他远远的，隔了五六排的座位。马东敏感地意识到"他们不愿意和我玩"，于是就利用出来倒水或者做其他事情的时候主动跑到团队里聊天。

在社交上，牟頔认为马东有自己的平衡之道："如果我们都不爱理他，他就会主动理你。但如果我们都哈着他，他就会不理我们。"

马东给于丹留下了非常讲礼数的印象。2006年，著名相声表演艺术家马季突发心脏病去世，身为独子的马东在非常悲痛的情况下依旧坚持亲自通知每一位亲朋好友。"事实上，我们都可以从媒体上知道这个消息，但他坚持要这样。"于丹说。

她还记得马东在2007年春节发的拜年短信："马东重孝在身，按理说现在不该给大家拜年，但还是要和妈妈一起，谢谢大家。"马东的诚恳与周到，让她感慨。

马东自己却说，他是个特别被动的人。"在生活中我不是一个会说话的人，如果两人坐在一起交流，我会找不到话题。"有一次在探讨说话技巧时，马东告诉主持人汪涵。

"他私下就不好好聊天你知道吗？"肖骁吐槽。他告诉《博客天下》，舞台上的马东还是一个有表达欲望的人，但在大家吃饭喝酒时，马东永远是呈现一种聆听的状态，很少给出自己的建议，只能"彼此冷漠"。

他从来不是饭局的主角，称在任何一个饭桌上能讲80%的话的只有高晓松。有一次马东和高晓松、于丹吃饭，高晓松一去上厕所，于丹就感慨："高晓松在这儿，我都说不上话。"

"这和性格有关。"马东说。事实上，按照他的本性，他都不愿意坐在辩论场里，更不愿意坐到马薇薇和黄执中的对面——"被这种辩手弄得体无完肤肯定不是什么舒服的事"。

他甚至称不上是一个强势的人。"横人都是怂人惯的，我身边全是横人，就我一个怂人，所以我既没有机会成为独裁者——而且，成为独裁者是一件多傻的事，你以为你拥有那个权利，你就享受那个权利吗？不是，你失去的更多。"

"人对自己最好的认知就是先把自己放没有。"马东说，他选择了一种代价更小、成本更低的方式去生活，"人生本来就短，你用一种高成本的方式，不值当。"

马东秉持"被误解是表达者的宿命"这一观念，认为没有人能精准处理好被动和主动的分寸。但在采访中，他依然努力尝试给出稳当的答案："你录着音呢，所以我老在想，我给你的回答是不是准确的。"

48岁的马东自言是个防守性质的人。对于命运，他始终有强大的掌控力：如果能自己选择死亡的方式，他选择安乐死。

这个身段柔软的胖子，在时代发展的每一个步点，在自己人生的每一个阶段和每一种角色里，都拿捏准了攻防转换的分寸。

"现在在这个公司里面，谁来负责安全的把控和审查？"

听到这个问题，他再一次露出了一种无辜、狡黠但又妥帖的微笑。

"一般是保安。"他说。

（2016.4.8）